Barbara Eickhoff
Curaçao
Karibik

Barbara Eickhoff

CURAÇAO

Karibik

Niederländische Antillen

Ein Reisebegleiter mit vielen Informationen und eigenen Eindrücken

Bibliografische Information der Deutschen Nationalbibliothek:
Die Deutsche Nationalbibliothek verzeichnet diese Publikation in der Deutschen Nationalbibliografie; detaillierte bibliografische Daten sind im Internet über http://dnb.ddb.de abrufbar.

ISBN 978-3-86870-185-2

Fotos: Jörg Eickhoff
Umschlaggestaltung: Vivien Heise

Jörg und Barbara Eickhoff
sind vom 30. November 2008
bis zum 1. Februar 2009 dem
deutschen Winter „entflohen“
und haben zwei Monate auf
Curaçao gelebt.

erschienen im April 2010

www.rediroma-verlag.de
14,95 Euro (D)

Inhaltsverzeichnis

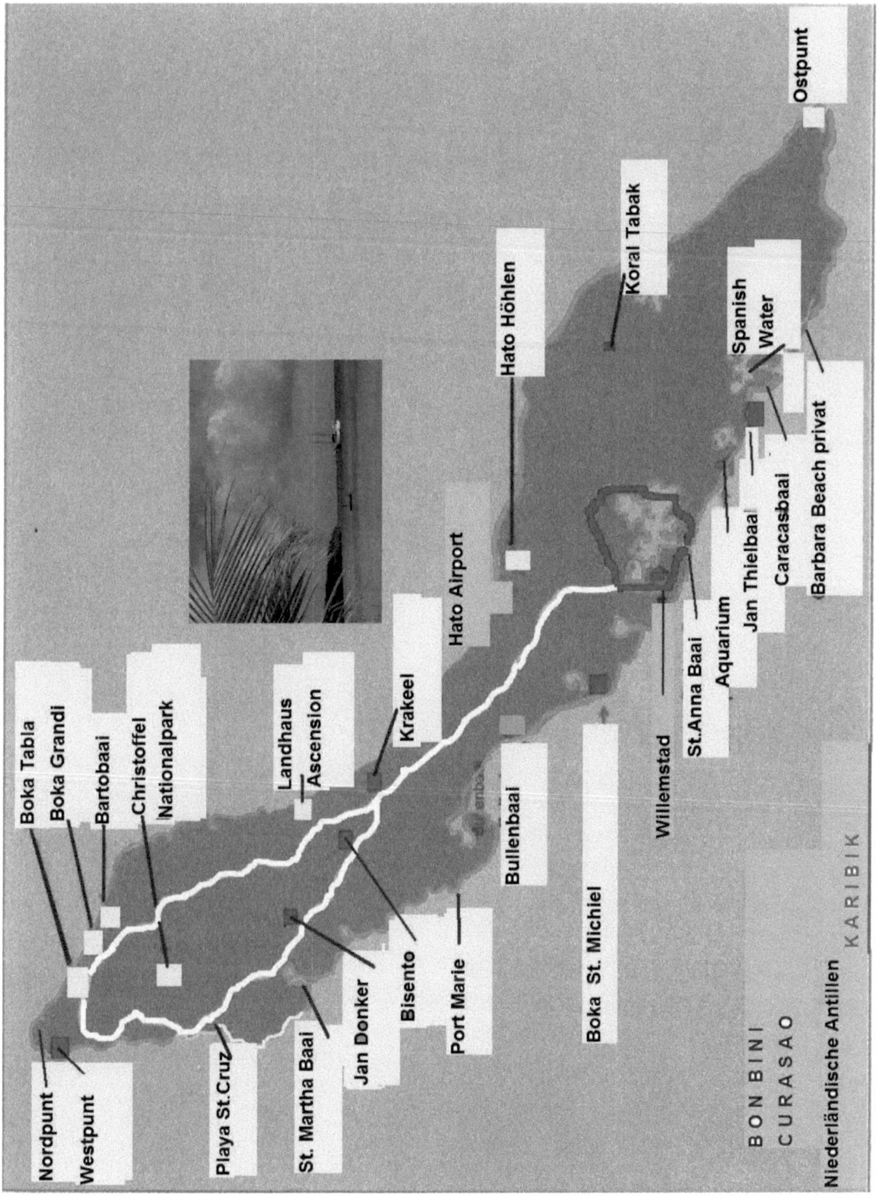
Nordpunt
Westpunt
Boka Tabla
Boka Grandi
Bartobaai
Christoffel Nationalpark
Playa St.Cruz
St. Martha Baai
Jan Donker
Bisento
Landhaus Ascension
Krakeel
Port Marie
Bullenbaai
Boka St. Michiel
Hato Airport
Hato Höhlen
Willemstad
St.Anna Baai
Aquarium
Jan Thielbaai
Caracasbaai
Barbara Beach privat
Spanish Water
Koral Tabak
Ostpunt
KARIBIK
BON BINI
CURASAO
Niederländische Antillen

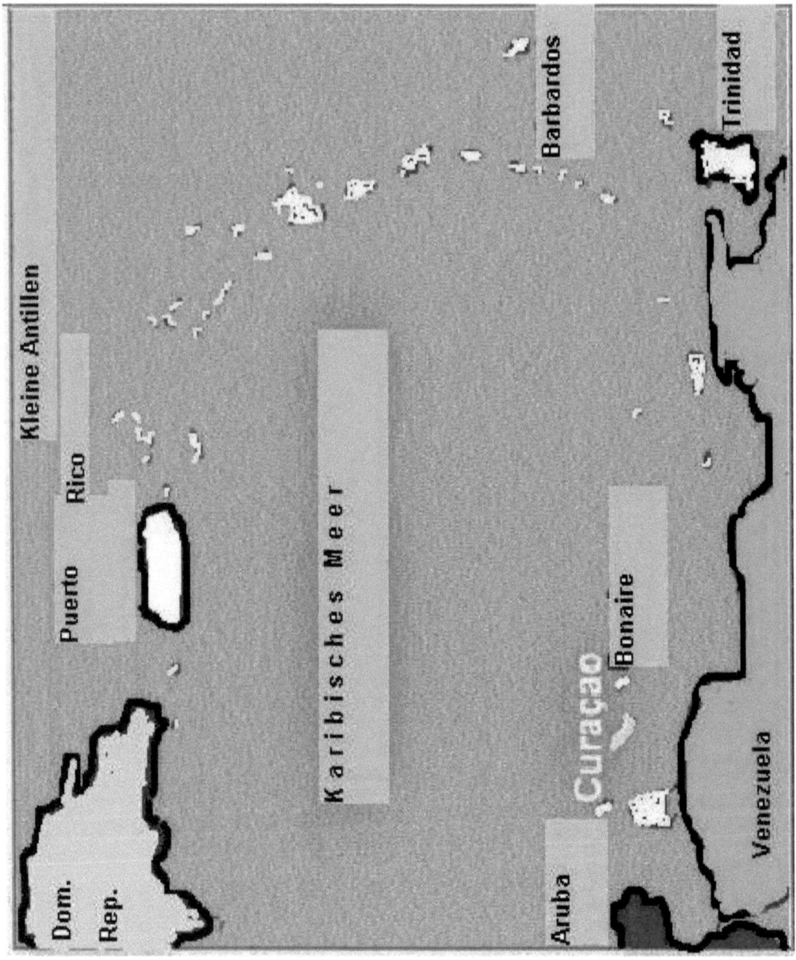
Kleine Antillen
Puerto Rico
Dom. Rep.
Karibisches Meer
Barbardos
Trinidad
Bonaire
Curaçao
Aruba
Venezuela

Vorwort

Wer kann sich im Juli noch wirklich an den vergangenen Winter erinnern? Egal ob er mild, regnerisch oder eiskalt war, die meisten unter uns erinnern sich nur noch mit Grauen an ihn zurück, selbst wenn es weiße Weihnachten gab. Aber wer denkt schon im Juli daran, dass es wieder einen Winter geben wird, während man im Strandbad in der Sonne brät, im Garten den Sonnenschirm aufspannt, sich an Bushaltestellen den Schweiß von der Stirn wischt oder an der Eisdiele Schlange steht? Wer blickt im Juli in den stahlblauen Himmel und stellt sich vor, wie schon wenige Monate später graue Düsternis eintreten wird, wenn es nicht Tag werden will im November und das tote Laub an den Füssen raschelt, das noch vor so kurzer Zeit beim Spaziergang durch den Park den ersehnten Schatten spendete. Gewiss, auch die kalte Jahreszeit hat ihren Reiz, aber in manchen Jahren will sie einfach nicht enden, und bevor der Sommer da ist, ist er auch schon wieder vorbei.

Um den Sommer zu verlängern - oder den Winter abzukürzen - hilft nur die Flucht in den Süden …! Aber wohin? In allen in relativ kurzer Zeit erreichbaren Zielen von Deutschland aus, ist es im Winter auch nicht besonders kuschelig. Wie oft hat es in den letzten Jahren selbst auch an den Sonnenstränden der Balearen, in Griechenland, Tunesien, Marokko oder der Türkei geschneit? An der Schwarzmeerküste oder selbst in Südspanien ist das Wetter auch nicht viel besser, wenn man Pech hat. Und die Kanarischen Inseln bezeichnet man zu Recht nur als Inseln des ewigen Frühlings, denn in den Wintermonaten kann es dort in den meisten Regionen auch recht stürmisch und kalt werden. Wohin also, wenn man nicht fünfzehn Stunden oder länger im Flugzeug sitzen, keine aufwendige Impfprophylaxe betreiben, den Geldbeutel nicht überstrapazieren und sich nicht den Naturkatastrophen wie Hurrikans, Überschwemmungen oder einem Tsunami aussetzen will? Da bleibt nicht viel übrig, wenn man sich einfach nur schönes Wetter wünscht, weiße Strände, Palmen, badewannenwarmes himmelblaues Meer und das möglichst ohne Massentourismus.

Man sollte früh auf die Suche gehen nach solch einem Urlaubsidyll, denn auch etliche andere Winterflüchtlinge könnten zur gleichen Zeit auf die gleiche Idee kommen.

Wir, mein Mann und ich, begannen im Juli 2008 mit den Reisevorbereitungen, denn nicht nur die Quartiersuche war das Problem, wir brauchten auch einen Flieger, der uns zu der gewünschten Zeit ans gewünschte Ziel bringen sollte.

Unsere Suche im Internet nach geeigneten Zielen verlief zunächst enttäuschend, aber dann stießen wir auf *Curaçao.*

Wo ist das denn?

Curaçao:
eine Schönheit erst auf den zweiten Blick

Auch diejenigen unter uns, die keine oder kaum alkoholische Getränke zu sich nehmen, haben wahrscheinlich schon einmal etwas von *Curaçao* gehört…und zwar in der flüssigen Form… und in blau. So blau, wie das karibische Meer, das die Insel *Curaçao* umgibt, auf der dieser Likör hergestellt wird, so blau oder giftig grün, wenn er mit Orangensaft gemischt wird, dass sich wohl kaum jemand traut, dieses Getränk zu sich zu nehmen.

Dabei ist die Entstehung dieses Likörs eigentlich nur einem Zufall zu verdanken. Knapp dreißig Jahre nach der Entdeckung der Insel *Curaçao* 1499 durch die Spanier versuchten die „Eroberer“ auf diesem für sie fremden Gebiet Orangen anzubauen. Die klimatischen Verhältnisse schienen geeignet zu sein. Die Orangenbäume vertrugen jedoch die Boden- und Wetterverhältnisse nicht und die Früchte waren ungenießbar. Man überließ die Plantagen sich selbst. Die Orangenbäume verwilderten und entwickelten sich schließlich zu Bitterorangen. Erst etliche Zeit später fand man heraus, dieses intensive Aroma zu nutzen und den bekannten Likör herzustellen, der zwar das Getränk – nicht aber die Insel bekannt gemacht hat, denn es gibt verhältnismäßig wenig Literatur über die größte der sogenannten ABC-Inseln, die zu den kleinen Niederländischen Antillen gehören. ABC Inseln deshalb weil die größte Insel, *Curaçao*, noch zwei kleinere Schwestern hat,

oben: Blick auf den Schottegat
unten: Regenzeit

Bonaire und Aruba. Sie heißen auch „Inseln unter dem Winde“. Sie unterliegen nicht dem Nord-Ostpassat und weisen daher ein trockeneres Klima auf.

Die nördlicher gelegenen Inseln, die auch zu den Kleinen Antillen gehören, nennt man „Inseln über dem Winde“. Dazu gehören Saba, St. Eustatius und St. Maarten. Politisch gehören alle diese Inseln zu den Niederlanden, sind aber weitgehend autonom. Für das Jahr 2010 stehen politische Veränderungen hinsichtlich des Status von *Curaçao* ins Haus, die den Urlauber wohl weniger interessieren und auch nicht beeinträchtigen werden.

Curaçao ist mit seinen rund 450qkm (80 Kilometer lang und zwischen 5 und 14 Kilometern breit) eine verhältnismäßig kleine Insel, wobei klein natürlich relativ ist. Mallorca ist zum Beispiel achtmal größer, Sylt könnte man auf der Fläche von *Curaçao* viereinhalb Mal unterbringen und Deutschlands einzige Hochseeinsel Helgoland hätte auf Curaçao vierhundertfünfzigmal Platz.

Die lang gestreckte Insel *Curaçao* teilt sich in zwei völlig unterschiedliche Bereiche. Während im südöstlichen Teil der Insel das pralle Leben tobt, ist der Westen unberührter und die Küsten schroffer. Man findet im nordwestlichen Teil nur vereinzelte Gehöfte, die sich rund um den *Christoffel - Nationalpark* (1820 ha groß, höchste Erhebung 375m) wie bunte Farbtupfer von der grünen, hügeligen Landschaft abheben. Vor Beginn der Regenzeit säumen verdorrte Büsche und Sträucher die Straßen.

Im Südwesten laden viele kleine Buchten zum Baden und Schnorcheln ein. Moderne Apartmentanlagen für Touristen und kleine, bescheidene Ortschaften prägen diesen Teil der Insel.

Curaçao liegt im Karibischen Meer, 60 Kilometer nördlich vor Venezuela und ist dennoch eine europäisch - holländisch geprägte Insel, die nahezu jede Exotik vermissen lässt. Man nennt die Hauptstadt *Willemstad* auch „Klein Amsterdam“. Das mag ein Vorteil sein, denn es bedarf keiner großen Eingewöhnungszeit, um sich hier mit den Lebensgewohnheiten zu Recht zu finden. Für alle, die Massentourismus verabscheuen, ist *Curaçao* noch ein lohnenswertes Ziel. Wer weiß, wie lange noch, denn auch auf *Cura-*

çao hat man inzwischen verstanden, dass Touristen Geld ins Land bringen.

Willemstad
oder „Klein Amsterdam“

In der Hauptstadt *Willemstad,* mit ihren bekanntesten Stadtteilen *Otrabanda* (die andere Seite) und *Punda* (der Punkt), findet man viele historische Gebäude der niederländischen Kolonialarchitektur. Sie stehen seit 1997 nahezu komplett unter dem Schutz des Unesco Weltkulturerbes. Bilder der herrlich bunten, holländischen Häuserfronten von *Punda* und *Otrabanda* dürfen als Wahrzeichen der Insel in keinem Fotoalbum fehlen. Durch die Sint - Annabaai, dem Zufahrtskanal zum Naturhafen Schottegat, wird *Willemstad* in zwei Teile getrennt, die durch eine nur für Fußgänger und Radfahrer zu benutzende Schwimmbrücke verbunden sind, der *Königin Emmabrücke* (1939). Für ein- und ausfahrende Schiffe wird die Brücke mehrmals am Tag geöffnet, ein imposantes Schauspiel, das man sich auf keinen Fall entgehen lassen sollte. Die lange Brücke wird praktisch in voller Länge mit Hilfe von Dieselmotoren auf die gegenüberliegende Seite geschoben. Einige Fußgänger, die die Brücke nicht mehr rechtzeitig verlassen konnten oder wollten, haben das Vergnügen, eine kleine kostenlose „Schiffsfahrt“ zu erleben und währenddessen große Frachtschiffe aus nächster Nähe vorbeifahren zu sehen. Pech haben nur die Passagiere der Kreuzfahrtschiffe, die in *Otrabanda* vor Anker liegen, wenn sie durch die fehlende Brücke ihr Kreuzfahrtschiff nicht mehr rechtzeitig erreichen. Wir haben einen jungen Mann erlebt, dem das Bier in *Punda* offensichtlich zu gut geschmeckt hatte. Als ein Kreuzfahrtschiff ablegte und Fahrt aufnahm, sprang der Mann aufgeregt nahe an die Hafenmauer und gestikulierte wild mit den Armen. Die in den Cafés sitzenden unfreiwilligen Zuschauer glaubten, er winke den Abreisenden einen letzten Gruß zu. Erst Minuten später wurde allen klar, dass er sein „Traumschiff“ verpasst hatte. Ein Lotsenboot nahm ihn schließlich an Bord und fuhr dem weißen Dampfer hinterher, als der nur noch als kleiner Punkt am Horizont zu sehen war.

Um die Menschen trotz der geöffneten Brücke über den Meereseinschnitt zu befördern, fahren kleine Fähren kostenlos von *Otrabanda* nach *Punda* oder umgekehrt. Der motorisierte Verkehr muss einen Umweg über die fünfundfünzig Meter hohe *Königin-Julianabrücke* (*Julianabrug,* 1974) in Kauf nehmen, die etwas nördlicher die *Sint - Annabaai* überquert. Nicht Schwindelfreie sollten während der Überquerung nicht zur Seite schauen und sich nur auf die Fahrbahn konzentrieren. Die Brücke schwebt scheinbar über dem Wasser. Für alle anderen, vor allem die Beifahrer, bietet sich zum einen ein herrlicher Ausblick auf die historische Altstadt von *Otrabanda* und *Punda.* Auf der anderen Seite sieht man den Hafen und die gigantische Ölraffinerie.

Punda:
der Stadtteil der Touristen

Punda ist ein Touristenmekka und nach weniger als einer Stunde hat man, wenn man gemütlich durch den belebten Stadtteil schlendert, alles gesehen. Souvenirläden und – stände locken mit Kunst, Kitsch und Krempel, Koffern und hochkarätigem Schmuck. In einem schmalen Haus ist das Kaufhaus „Ackermann“ untergebracht. Dieses nostalgische Geschäft direkt an der *Sint - Annabaai* bietet Stoffe, Gardinen und sonstiges Nähzubehör an, von Hosengummis bis Knöpfen … aber wer braucht so etwas schon im Urlaub. Das kleine Kaufhaus selbst mit seinen alten, knarrenden Treppen ist durchaus sehenswert. In *Punda* reiht sich ein Nobelgeschäft neben das andere, sowohl an der *Sint - Annabaai* als auch in den schmalen Gassen der Altstadt. Um vom Einkaufsbummel auszuruhen, gibt es zahlreiche Straßencafés. Die beste Aussicht hat man an der *Sint-Annabaai* mit Blick auf *Otrabanda* und die Kreuzfahrtschiffe. Etwas abseits vom Trubel finden sich weitere Cafés und Restaurants mit etwas moderateren Preisen. Manchmal taucht dort eine merkwürdige Gestalt auf, ein Mann, der drei Leguane auf dem Arm trägt. Für ein geringes Entgelt gestattet er, dass man sich mit seinen Tieren fotografieren lässt. Aber wehe, man versucht „gratis“ ein Foto von ihm zu schießen. Dann wird der „Leguanmann“ richtig böse. Die Tiere verhalten sich völlig regungslos. Man kann daher davon ausgehen, dass diese sonst scheuen Tiere unter Beruhigungsmitteln stehen.

Wohltuend ist es, dass man während des Stadtbummels von niemandem belästigt wird, wie man es von anderen Touristenorten kennt. Weder Verkäufer noch Gastronomiebetreiber versuchen die Kunden mit vielversprechenden Angeboten in ihre Läden zu locken. Auch Bettler oder Straßenmusikanten findet man nicht auf *Curaçao.*

Otrabanda : *wo das einheimische Leben pulsiert.*

Obwohl es auch in *Otrabanda* speziell für Touristen geöffnete Geschäfte oder Restaurants gibt, ist dies der Stadtteil der Einheimischen (und der interessantere, wie wir fanden). *Otrabanda* lebt ... in den Neben- und Seitenstraßen. Hier arbeiten die Menschen, gehen Einkaufen, zur Schule, zum Arzt, zum Friseur oder ins Krankenhaus. Hier sind nicht nur die Häuser vielfarbig, sondern auch die Menschen. Und sie sehen wunderschön aus in ihrer bunten, oft grellen Kleidung. Kleine Mädchen tragen stolz ihr krauses Lockenhaar, zu niedlichen Zöpfchen gedreht und mit unzähligen Schleifen versehen. Fülligere Frauen sehen selbst in eng anliegenden T-Shirts und knappen Hosen immer noch prachtvoll aus. Die weißen Europäer, die sich in diesem Viertel manchmal sehen lassen, erscheinen dagegen im wahrsten Sinne des Wortes mehr als blass. Einheimische Männer stehen in Gruppen zusammen, reden und trinken Bier. Die leeren Getränkedosen landen auf der Straße, aber das stört hier niemanden. Gruppen von Kindern in Schuluniform laufen schwatzend vorbei. Auf den engen, schmalen Straßen schleicht der Autoverkehr vorbei auf der Suche nach einem Parkplatz.

Für eine leckere Mahlzeit oder auch nur einen Kaffee zahlt man in *Otrabanda* nur ein Kleingeld im Gegensatz zu *Punda,* wenn man sich nicht scheut, auch ein schlichteres Umfeld in Kauf zu nehmen. Wer überhaupt etwas vom karibischen Flair der Insel wahrnehmen möchte, sollte sich etwas länger hier umsehen. Für einen Herrenhaarschnitt zahlt man lediglich 21 Naf, für einen Kaffee aus dem Pappbecher, 1,25 Naf.

Otrabanda, ehemals ein Wohnviertel der durch den Sklavenhandel reich gewordenen holländischen Kolonialherren, war noch vor wenigen Jahren ein Armenviertel mit zerfallenden Häusern und einer hohen Rate von Kriminellen, Drogenabhängigen und Arbeitslosen. Der Amsterdamer Jacob Delt Dekker (Multimillionär) gründete deshalb in *Otrabanda* das *Kura-Hulanda-Museum* sowie das angeschlossene Kura Hulanda-Hotel, um den Menschen in diesem Stadtteil Arbeit zu geben und gleichzeitig die unrühmliche Vergangenheit des Sklavenhandels auf *Curaçao* aufzuarbeiten und zu dokumentieren.

Wenn auch einige Häuser in *Otrabanda* noch immer in einem stark renovierungsbedürftigen Zustand sind, scheint das Konzept des Herrn Dekker aufgegangen zu sein. Die meisten Gebäude erstrahlen in neuem Glanz und beleben das Stadtbild. Die in *Otrabanda* lebenden Menschen gehören zwar nicht alle zur reicheren Bevölkerung der Insel, aber sie wohnen auch nicht mehr in einem Elendsviertel, so wie es früher war. Leider ist zu befürchten, dass die nicht so wohlhabenden Einheimischen nach und nach aus *Otrabanda* vertrieben werden könnten, wenn die Mieten in den restaurierten Häusern und Wohnungen steigen.

Inselrundfahrt *zum Kennenlernen*

Auf *Curaçao* gibt es keine Küstenstraßen, nur Straßen in der Nähe von Küsten und die Insel ist so klein, dass man sie an einem Tag durchfahren könnte, allerdings auch so groß, dass man schon auch einen ganzen Tag dafür braucht. Um sich an den Leihwagen und den Fahrstil der Einheimischen zu gewöhnen, sollte man zunächst die Insel westlich von *Willemstad* erkunden. Dort gibt es kein Straßengewirr, sondern nur die Wahl, rechts oder linksherum diesen Teil der Insel kennen zu lernen. Wer sich nicht gleich verfahren möchte (die Beschilderung ist für Ortsunkundige nicht leicht zu verstehen), wählt die Hauptroute nach *Westpunt.* (Je nach

oben : Otrabanda
unten. St. Anna-Baai

Verkehrslage ist man von *Willemstad* bis dorthin gut eine Stunde wenn nicht 1 ½ Stunden unterwegs). Sobald man den letzten Kreisverkehr - eine Ausfahrt führt in Richtung Flughafen - verlassen hat, erreicht man nach kurzer Zeit das Örtchen *Grote Berg,* nur ein paar kleine Häuschen, an denen man schnell vorbeigefahren ist. Es folgen *Tera Kora, Krakeel* und eine Ewigkeit später *Barber,* die letzte Siedlung vor dem Fischerort *Westpunt.* Ab jetzt entdeckt man nur noch gelegentlich vereinzelte Häuser auf kleinen Erhebungen. Wenig später tauchen die Hügel des *Christoffel Nationalparks* auf. Ab *Westpunt* orientiert man sich wieder in Richtung *Willemstad.* Von dieser hier beginnenden Landstraße gehen die Zufahrtswege zu den verschiedenen Buchten ab. Man kommt durch *Jeremie, Soto und Bisento.* Hier könnte man wieder Richtung *Krakeel* auf die Hauptstraße zurückfahren, oder noch einen kleinen Umweg über *St. Willibrordus* und *Jan Kok* machen und käme dann erst kurz vor *Grote Berg* wieder auf die Hauptstraße. Die Möglichkeiten, auf der beschriebenen Route einen Kaffee trinken zu können sind leider rar gesät bzw. nicht vorhanden. In *Westpunt* gibt es zwei oder drei Restaurants sowie eines kurz hinter *Soto.*

Eine Rundfahrt in den östlichen Teil der Insel ist nicht sehr lohnenswert. Es ist laut, es stinkt nach Abgasen und ist noch heißer als auf der übrigen Insel. Es herrscht rege Betriebsamkeit und vor allem viel Verkehr, der erst wieder abnimmt, wenn man sich den Randbezirken wie z. B. dem Touristenzentrum *Jan Thiel* oder der *Caracasbaai* im Südosten oder dem Nobel-Stadtteil *Koral Tabak* im Nordosten nähert.

Das Zentrum von *Willemstad* bilden der Hafen und die Ölraffinerie, die vor ca. neunzig Jahren an einem der schönsten Plätze der Insel, im *Schottegat,* errichtet wurde. Beides wird von einer Ringstraße umrundet, eine Art Schnellstraße, auf der man allerdings selten schnell fahren kann, weil viele andere auf der gleichen Strecke unterwegs sind. Wenn man sich auf dieser Ringstraße befindet und eine Ausfahrt verpasst, hat man sich erst einmal hoffnungslos verfahren. Aber irgendwann, wenn man dann vollends durchgeschwitzt ist, findet man doch noch den richtigen Weg.

Sonne, Sand und Meer

Wer mit einem Karibikurlaub endloslange schneeweißc Sandstrände verbindet, an die türkisblaues Wasser schwappt und hohe Palmen Schatten spenden, sollte sich nicht sofort für *Curaçao* entscheiden. Die wenigen Palmen, die auf der Insel zu sehen sind, sind eher klein und nur an wenigen Stränden zu finden. Ausgedehnte Strände, an denen man stundenlang entlang wandern könnte, gibt es nicht. Stattdessen locken über vierzig kleine und größere Buchten zum Baden und Schnorcheln ein. Nicht alle sind gut erreichbar.

Curaçao ist zwar eine Insel in der südlichen Karibik, aber ein Inselgefühl will sich nicht unbedingt einstellen. *Curaçao* ist eine spröde Insel, die ihre schönen Seiten nicht auf den ersten Blick freigibt. Fast alle Strände sind nur durch Stichstraßen zu erreichen, mit dem Auto in fünf bis fünfzehn Minuten ab der Hauptstraße. Diese Straßen sind - wie insgesamt auf *Curaçao* – nicht in allerbestem Zustand. Auf einige Strände, auf der Suche nach Ruhe und Einsamkeit, sollte man im eigenen Interesse und dem des Autoverleihers verzichten, wenn es nur unbefestigte, oft steinig-felsige schmale Wege gibt mit tiefen Pfützen, hügeligem Gelände, die zu allem Überfluss von stacheligen Büschen gesäumt sind, die dem Lack des Autos ein hübsches Streifenmuster verpassen können. Dort mit einem Achsenbruch liegen zu bleiben, könnte die Urlaubsstimmung und –kasse erheblich schmälern, zumal man nicht erwarten kann, in absehbarer Zeit einen anderen „Abenteurer“ zu treffen, der Hilfe holen könnte. Und deutsche Handys funktionieren in der Regel nicht auf *Curaçao.*

Im westlichen Teil der Insel, wo sich nach unserem Geschmack die schöneren Strände oder Buchten befinden, muss man schon sehr genau aufpassen, um die Abfahrt zu den Stränden nicht zu verpassen trotz Inselkarte und Beifahrer. Es gibt zwar auch Hinweisschilder, aber die sind leicht zu übersehen. Alle Zuwege zu den Stränden sind mit rot-weiß gestreiften Steinen markiert, aber wenn man Pech hat, erwischt man gerade eine „Hochvegetationsphase“, und dann sind diese Steine zugewachsen, und das geschieht schnell auf *Curaçao,* zumindest in der Regenzeit. Dann sieht man überall Arbeitstruppen, die den Busch- und Baumbewuchs radikal zurückschneiden müssen.

Wer nicht darauf vorbereitet ist, erlebt auf dem Weg zum Strand oft eine Überraschung. Ohne das Meer überhaupt gesehen zu haben, muss erst einmal Eintritt bezahlt werden. Jeder Strand bietet unterschiedliche Leistungen und die Eintrittspreise schwanken zwischen „akzeptabel“ bis „etwas teuer“. Wer sich über diese Strandgebühr öffentlich wundert, wird belehrt, dass es in Deutschland schließlich auch Kurtaxe gäbe (auch wenn viele Gemeinden diese Abgabe bereits wieder abgeschafft haben). Allerdings hat man bei diesen „Bezahlstränden“ garantiert saubere sanitäre Anlagen und eine geöffnete Gastronomie. Bis auf wenige Ausnahmen werden diese Strände aber nicht lange nach Sonnenuntergang geschlossen.

Kostenfreie Strände:

Hooks Hut

Hooks Hut, eine sehr kleine Bucht nahe *Willemstad*, erinnert tagsüber an eine Badeanstalt, allerdings mit recht trübem Wasser. Wir haben hier darauf verzichtet, uns in die Fluten zu stürzen, also auch keine Schnorchelerfahrung.

Das unmittelbar am Strand liegende Restaurant ist aber sehr zu empfehlen, und da die Plätze begrenzt sind, sollte man vorher unbedingt reservieren. Obwohl auch hier die Speisekarte keine deutschsprachige Übersetzung aufweist, findet man sich doch irgendwie zurecht und das Essen ist ausgesprochen schmackhaft. Wir haben in *Hooks Hut* unseren Hochzeitstag verbracht, mit den Füssen im Sand und romantischem Sonnenuntergang!

Boca Sami

Als Strand im „karibischen Sinne“ kann man *Boca Sami* in *San Michiel* nicht unbedingt bezeichnen, denn der Strand ist schmal und der Sand schmutzig gelb-braun. Allerdings wird diese erste Enttäuschung durch das wundervoll türkisblau glitzernde Meer ausgeglichen, auch wenn die Aussicht manchmal durch einen rostigen Seelenverkäufer eingeschränkt wird, der dort wochenlang vor Anker liegt. Gelegentlich sieht man fliegende Fische über das Wasser flitzen, eher selten sind Delfine, die ihre Kunstsprünge vollführen. Auch wenn es beim Schnorcheln nicht sehr viel zu sehen gibt, springt man dennoch gern in die blauen Fluten. Touristen verirren sich nicht so oft hierher, es sei denn, sie wollen Tauchkurse besuchen, die regelmäßig angeboten werden. Der Tauchschule angegliedert ist das Restaurant *„Octupus“,* eine leger geführte Gastronomie, in der sich niemand daran stört, wenn man zwischen zwei Drinks zur Abkühlung ins Wasser springt. Neben den einfachen sanitären Anlagen sind außerdem Duschen und Umkleideräume vorhanden. Auf der großen ins Meer hineingebauten Terrasse könnte man reichlich Platz nehmen, wenn genug Stühle vorhanden wären, aber aufgrund der Temperaturen ist ein überdachter Sitzplatz ohnehin zu bevorzugen. Auch wenn der Kaffee nicht besonders schmeckt und die Preise insgesamt verhältnismäßig hoch sind, lohnt sich ein Besuch im *„Octupus“.* Wir haben hier viele Stunden verbracht und manchmal einfach nur aufs Meer geschaut. Und wenn man Glück hat, findet man nach dem Besuch seinen Leihwagen gewaschen vor, von einem Einheimischen, der abenteuerlich aussieht und für seine Mühe einen kleinen Obolus erwartet. Durch einen Strandstreifen getrennt liegt die *Salina St. Michiel*, eine flache, schwach salzhaltige Lagune. Zum Baden ist die Lagune nicht geeignet, wohl aber für hübsche Urlaubsfotos. In *San Michiel* werden etwas abseits zunehmend neue Touristenappartements gebaut, aber noch haben hier die Einheimischen, Dunkelhäutigen die Oberhand. Fischer reparieren dort ihre Boote. An den Wochenenden gibt es oft kleine Dorffeste, verbunden mit Fußballspielen am Strand und begeisterten Zuschauern. Wir hörten, dass es in diesem Ort die meisten Drogenabhängigen auf *Curaçao* geben soll, was wir nicht bestätigen aber auch nicht das Gegenteil behaupten können. Um *Boca Sami* zu erreichen, biegt man - von *Willemstad* kommend Richtung Flughafen am *Supermarkt Centrum* links ab. Der Straße folgend hat man sein Ziel nach ca. 15 Minuten erreicht.

Vaersenbaai

Zur *Vaersenbaai* wählt man, von *Willemstad* kommend, die Hauptstraße Richtung Flughafen. An der großen Kreuzung, an der es auch zum Supermarkt *Centrum* geht, biegt man links ab (*Weg Naar Bullenbaai*).Von dort sind es noch ungefähr 5 Kilometer. Kurz vor der *Vairsenbaai* sind rechts und links der Straße Flamingos anzutreffen, die in den flachen Salinen Futter sammeln. Große Parkbuchten weisen darauf hin, dass die Busse der Inselrundfahrten hier einen „Fototermin" anbieten. (Die Straße führt weiter zur *Bullenbaai* ,lediglich eine Werftanlage, und endet dort). Die *Vaersenbaai,* ist eine gerade für Taucher und Schnorchler interessante kleine Bucht, wurde aber nach dem Tropensturm oder dessen Ausläufern, im Oktober 2008 stark in Mitleidenschaft gezogen. Boote zerschellten am Land, die Betonplatten, auf denen die Liegen platziert waren, zerbarsten. Zwei kleinen Bungalows fielen ebenfalls dem Sturm zum Opfer. Vor den Zerstörungen war der Besuch der Bucht für Taucher kostenpflichtig. Bis Ende Dezember hielten die Betreiber des großen Open Air Restaurants und der deutschsprachigen Tauchschule noch durch, dann packten sie ihre letzte Habe und verschwanden. Die wenigen Strandliegen, die normalerweise für 5 Naf zu mieten waren, rotten vor sich hin und sollte sich nicht inzwischen jemand gefunden haben, der sich dieser Anlage annimmt, wird man seine eigenen Campingmöbel mitbringen müssen, um am Sand - Kies-Betonstrand liegen zu können. Trotz des optisch nicht so schönen Eindrucks dieser Bucht lohnt sich hier das Schnorcheln. Der Untergrund ist felsiger, als in anderen Buchten und schon in Ufernähe gibt es Fächerkorallen zu entdecken.

oben: Playa St. Cruz
unten: Ureinwohnerhaus

Wie wir von mehreren anderen Schnorchlern hörten, hatte sich in der *Vaersenbaai* über Jahre hinweg ein Schildkrötenpärchen heimisch gefühlt. Nach dem Sturm im Oktober 2008 ist es verschwunden.

Daaiboobaai

In *St. Willibrordus* findet man die Abfahrt zur *Daaibooibaa.,* ein Strand, wie aus einem Urlaubsprospekt. Wenn man schon beinahe nicht mehr daran glaubt, erreicht man schließlich den großen, am Wochenende oft überfüllten Parkplatz und wenige Meter später den breiten Strand. Der Sand ist nicht besonders weiß und bei wolkenlosem Himmel auch sehr heiß. Badeschuhe sind also unbedingt zu empfehlen. Die werden auch gebraucht, um ins milchig blaue Wasser zu gehen, denn je näher man sich dem Ufer nähert, desto mehr häufen sich abgestorbene Korallen, die sich auch im Meer fortsetzen. In der ca. dreihundert Meter langen *Daaibooibaai* sind die, wenn auch zahlreichen vorhandenen „Palmdächer“ am Wochenende oft besetzt, aber auch im Schutz von niedrigen Palmen oder Bäumen findet fast jeder ein Schattenplätzchen. Aber auch dann, wenn sich an diesem Strand viele Menschen tummeln, strahlt diese Bucht eine sonderbare Ruhe aus, so als würden die Stimmen der Menschen von den eingrenzenden Felsen verschluckt. Im blauen Meerwasser kann es dann allerdings manchmal etwas eng werden, wenn sich Einheimische mit ihren Kindern darin tummeln und man fasziniert beobachtet, wie das Wasser wie Perlen auf deren wunderschönen dunklen Körpern glitzert.

Wirklich herrliche Ruhe herrscht jedoch von Montag bis Freitag und dann hat auch der blonde freundliche Holländer *Keeth* mit dünnem Pferdeschwanz, der in der *Daaibooibaai* eine Art Imbissstube betreibt, weniger zu tun. Seine batteriebetriebene Stereoanlage, es gibt keinen Stromanschluss, verbreitet leise, angenehme Musik, die sich in einer Schleife stündlich wiederholt. Bier wird preiswert in kleinen Büchsen verkauft. Wer will, bekommt einen Plastikbecher dazu. Zum Kaffee serviert der mehrsprachige Niederländer zu jeder Jahreszeit einen Spekulatius, den er aus einer

Blechdose anbietet. Für den kleinen Hunger gibt es holländische Fast-Food-Spezialitäten, die wir allerdings nie probiert haben. Für fünf Naf (ungefähr 2 Euro) plus fünf Naf Pfand kann man sich eine Liege mieten, die man selbsttätig zum jeweiligen Schattenplatz schleppen muss. Sanitäre Anlagen in Form einer einfachen Dusche und Toilette sind vorhanden, allerdings wird für den WC-Besuch ein kleiner Obolus verlangt. Dafür erhält man aber auch eine Rolle Toilettenpapier.

Entlang der die Bucht einrahmenden Felsen kann man beim Schnorcheln mit viel Glück etwas von der Unterwasserwelt entdecken. Im Übrigen ist das Wasser vom aufgewirbelten Sand eher milchig undurchsichtig.

Playa Largu

Weiter Richtung Nordwesten erreicht man – entweder über *Krakeel* oder *Bisento* den Bezirk San Juan. Ein schwer zu findender Weg führt zu drei Buchten, unter anderem zur *Playa Largu*. Man biegt ab zum Landhaus *Don Juan.* Schon nach ca. fünfhundert Metern wird man freundlich aufgefordert, fünf Naf für den Zuweg zu zahlen. Wer bis dahin glaubte, diese Strecke mit Leichtigkeit zu bewältigen, wird schon wenige Meter weiter eines besseren belehrt. Ohne ein geländegängiges Fahrzeug muss man davon abraten, diese Buchten entdecken zu wollen. Der schmale, von dornigen Büschen gesäumte Weg ist gespickt mit spitzen Steinen, teilweise geht es ziemlich steil bergauf bzw. bergab und es gibt in der Regenzeit große Wasserlachen, deren Untiefen man nicht erkennen kann. Auf diesen Weg zu verzichten schont nicht nur die Nerven, sondern auch das Fahrzeug und manche Autovermieter untersagen sogar die Fahrt auf derartigen Wegen.

Santa Martha (Sunset Waters Beach Resort)

Einen weniger schönen Strand findet man an der *Santa Martha Baai*. Hübsch ist allerdings der wenn auch recht weite Weg dorthin. Zwischen den kleinen Ortschaften *Soto* und *Jan Donker* gibt es, wenn man in nördlicher Richtung fährt, auf einer belebten Straße, auf der oft Schulkinder auf ihren Schulbus warten, auf der linken Straßenseite eine Abzweigung, die man nur schwerlich als solche ausmacht. Vorbei an Ausläufern der weiten ausgezogenen Bucht erreicht man schließlich einen Parkplatz vor einer kleinen menschenleer wirkenden Hotelanlage, dem *Sunset Water Beach Resort*. Belohnt wird dieser Abstecher durch ein schön gelegenes Open Air Restaurant, das sich seine gute Lage natürlich auch in den Preisen für Speisen und Getränke bezahlen lässt. Manchmal leisten grün glänzende Leguane bei der verdienten Rast Gesellschaft. Beim Schnorcheln entdeckt man Papageienfische, Seenadeln und Fächerkorallen.

Der Strandbesuch ist kostenlos, für eine Liege verlangt man allerdings fünf Naf pro Person.

Playa Santa Cruz

Santa Cruz ist eine große, tief eingeschnittene breite Bucht - die größte Bade-Bucht im westlichen Teil der Insel überhaupt. Am Strand stehen einige wenige, künstlich gesetzte hohe Palmen. Hier kann man immerhin - gemächlichen Schrittes - geschätzte fünfzehn Minuten am Meer entlang wandern. Badeschuhe sollten bei diesem Spaziergang nicht fehlen, außer den reichlich abgestorbenen Korallentrümmern, kann der Sand sehr heiß werden. Auch hier ist man zunächst überwältigt vom türkisblauen Meer, das immer einen schmalen, dunkelblauen Rand am Horizont zu haben scheint. Von Montag bis Freitag ist diese Bucht nahezu menschenleer und man hat die freie Auswahl, sich entweder einen Platz auf einer palmendachbeschirmten Bank zu suchen oder auf einer ebenfalls überdachten Betonplatte zu lagern. Gestört, wenn auch nicht wirklich, wird diese Idylle lediglich durch einen Reisebus, der kurz anhält, um den Traumschiffreisenden einen „Karibikblick“ zu verschaffen. Aber keine Angst, diese Touristen steigen nicht aus - sehr zum Leidwesen des Restaurantbesitzers, am linksseitigen Ende der Bucht, der sich über ein paar mehr Kunden freuen würde. Neben nicht sehr ansprechend aussehenden Speisen, Getränken aus Büchsen und Souvenirs, die man nicht wirklich braucht, bietet er allerdings auch Tauch- Schnorchel- und Ausflugsfahrten an und vermietet kleine quietschgelbe Paddelboote. Das ganze Arrangement wirkt insgesamt etwas schmuddelig, aber Anfang 2009 wurde dort fleißig gemalert … wer weiß, was daraus geworden ist.

Am Wochenende sollte man diesen Strand meiden, es sei denn, man möchte erleben, wie die meist dunkelhäutigen Einheimischen ihre freien Tage verbringen. Mit Kind und Kegel, Kochgeschirr, Kisten und Kästen rücken ganze Familienclans an und richten sich auf den schattigen Betonplatten häuslich ein. Aus großen Töpfen auf abenteuerlichen eigenkonstruierten Kochstellen brodelt es, und während die meisten der Gesellschaft auf Matratzen schlummern, rührt immer jemand die Suppe um, bevor der Grill angefacht wird. Doch trotz der vielen Menschen und der mitgebrachten Kofferradios wird es nie wirklich laut am Strand von *Santa Cruz.*

Wer schnorcheln möchte, sollte sich einer durch den Restaurantbetreiber organisierten Schnorchel-Tour anschließen. In der Bucht selbst gibt es nicht viel zu sehen.

Playa Lagun

Weiter Richtung *Westpunt* erreicht man die *Playa Lagun,* die auf vielen Postkarten als Vorzeigebucht abgebildet ist. Die Bucht liegt relativ nahe an der Hauptstraße und ist daher gut zu erreichen.

Der erste Eindruck der *Playa Lagun* ist durch die wundervollen Farben des Meeres recht beeindruckend. Tatsächlich entpuppt sich sie sich als schmale, wenn auch lang ins Meer hinaus gestreckte schattige Bucht, die durch die kleinen Felsen, die die Bucht einrahmen, noch enger wirkt. Von den Bungalows, die oben an der Felskante stehen, führen kleine Stiegen direkt zum Strand.

Hin und wieder zerlegt hier ein Fischer seinen Fang und wer möchte, kann ihm auch etwas abkaufen.

Etwas oberhalb der Bucht gibt es ein kleines Restaurant sowie eine Tauchschule und einen Laden für Tauch- und Schnorchelzubehör.

Zum Schnorcheln ist die Bucht wegen des überwiegend sandigen Untergrundes nicht so gut geeignet.

Playa Jeremie

Kaum einen Kilometer weiter auf der Hauptstraße kommt man an die *Playa Jeremie.* Wenn man diese kleine, beinahe winzige wunderschöne Bucht von einer kleinen Anhöhe aus erblickt, umringt von meterhohen Kakteen, ist man betört vom glasklaren türkisfarbenen Wasser und der Einsamkeit. Höchstens ein oder zwei Pärchen trifft man hier in der Regel an. Einige unebene Stufen führen zum kiesigen Strand, auf dem es lediglich zwei schon in die Jahre gekommene Palmdachsonnenschirme gibt. Liegen oder Bänke sucht man hier vergeblich. Der harte Untergrund lädt nicht zum längeren Verweilen ein. Auch im einladenden Meer kann man sich leider nicht allzu lange aufhalten, sofern nicht jemand währenddessen auf Gepäck und Leihwagen achtet. Vom Wasser aus hat man keinen Einblick auf den Parkplatz. Wir hörten, dass hier gelegentlich Langfinger am Werk sein sollen.
Entlang der Felswände ist das Schnorcheln lohnenswert.

Kleine Knip

Wer sich von der Playa Jeremie nur schwer trennen mag, sollte nicht zu traurig sein, denn es wartet –weiter in Richtung *Westpunt*- noch die *Kleine Knip,* ebenso schön, leider auch ebenso einsam. Da es hier weder Gastronomie noch sanitäre Anlagen gibt, beschränkt sich der Aufenthalt der wenigen Gäste meistens auf einen Sprung ins Meer und ein kurzes Sonnenbad. Die Abfahrt zur *kleinen Knip* ist relativ schwer zu finden. Wer sie verpasst hat, fährt weiter zu *großen Knip* und sieht spätestens dort den richtigen Wegweiser.

Wir haben beim Schnorcheln hier nicht viel gesehen, aber das kann zu anderen Jahreszeiten durchaus anders sein.

Große Knip (Playa Abou)

Die *Große Knip* ist die schönste Bucht, die wir kennen gelernt haben - jedenfalls von der Anhöhe aus betrachtet. Ein riesiger Parkplatz, auf dem auch Reisebusse Station machen, zeugt davon, dass nicht nur wir dieser Meinung sind. Während andere Strände oft menschenleer sind, tummeln sich an der *Großen Knip* immer einige Sonnenhungrige. Aber der Strand wirkt nie überfüllt und es gibt genug Platz für alle, wenn auch die Schattenplätze begrenzt sind. Liegen sind kostenpflichtig an einem kleinen Kiosk zu mieten, der zudem eine kleine Auswahl an Speisen und Getränken anbietet.

An den Wochenenden scheint diese Bucht ein Treffpunkt der hellhäutigen Einheimischen zu sein, die ihre Strandparty Utensilien in Kühlboxen anschleppen und einfach fröhlich sind, ohne die anderen Urlauber zu stören.

Playa Forti

Die *Playa Forti,* kurz vor *Westpunt,* ist kein Badestrand, dennoch einen Besuch wert. Hier kann man einheimische Fischer bei ihrer Arbeit beobachten und mit Sicherheit Pelikane sehen, die auf einen leckeren Brocken warten, allerdings auch so „lecker“ sind, dass sie längst nicht alles nehmen, was von den ausgenommenen Fischen im Meer oder auf der Mole landet.

Ein paar verfallene Buden zeugen davon, dass es hier früher Speisen und Getränke angeboten wurden.

Einmal um die Bucht herumgefahren, kommt man an eine lang ausgezogene Bucht mit schmalem Kies-Sandstrand, zu dem eine lange Treppe herunterführt. Auch hier liegen einige kleine Fischerboote. Es gibt nur einen dürftigen Schattenplatz. *Playa Forti* ist kein hübscher Badestrand, aber für ein erfrischendes Bad taugt er allemal.

Oberhalb der Bucht, an der linken Seite gibt es ein uriges Lokal, dem man unbedingt einen Besuch abstatten sollte, auch wenn der erste Eindruck abschreckend wirken mag. Die gemütliche, spanisch sprechende Wirtin hat ihre Restauration wie ein kleines Museum eingerichtet, in dem es Kitsch in höchster Potenz zu sehen gibt. Alles wirkt etwas schmuddelig. Doch draußen auf der Terrasse wird man nicht bereuen, einmal hier gewesen zu sein. Der Blick auf das darunter liegende hellblau bis türkisfarbene Meer ist fantastisch und zuweilen kann man einige Wagemutige beobachten, die sich aus ca. zwölf Metern Höhe in die Tiefe stürzen. Auf einem schmalen Pfad, der ohne Schutzgitter an der Terrasse vorbeiführt, pirschen sich die Kandidaten bis zu einer kleinen Rampe vor, von der sie - nach längerem Zögern – herunterspringen, um dann mehr oder weniger elegant, im Wasser zu landen.

Playa Kalki

Die Bucht, besser der Strand Playa *Kalki* hinter der *Playa Forti* im äußersten Nordwesten der Insel ist in Taucherkreisen auch als „Alice im Wunderland“ bekannt, da es hier einen großen Fischreichtum geben soll. In Strandnähe, beim Schnorcheln, haben wir davon nicht viel bemerkt. Auffällig waren jedoch die zahlreichen Pelikane, die über uns ihre Kreise zogen, um dann plötzlich wie ein Pfeil ins Meer zu stoßen, manchmal so dicht neben unseren Köpfen, dass man es schon ein wenig mit der Angst zu tun bekommen konnte.

Der Weg zur *Playa Kalki* ist verhältnismäßig gut ausgeschildert. Hinter dem Parkplatz führt eine schmale, steile Holztreppe zur Tauchschule und der schattigen Terrasse mit Imbiss. Die Preise liegen im höheren Niveau.

Für Liegen zahlt man 10 Naf pro Person. Die Zahl der Schattenplätze am Strand ist jedoch begrenzt. Der Strand selbst ist schmal und ziemlich steinig.

Playa Caracas

Playa Caracas ist ein noch kostenloser Strand im Südosten der Insel, aber im Grunde die schweißtreibende Fahrt über die ganze Insel nicht wert. Direkt vor dem fast nur handtuchbreiten Strand wurde ein riesiger Parkplatz errichtet. Mehrere Hotels befinden sich noch im Bau.

oben: Daaibooibaai
unten: Playa Jeremie

Man kann davon ausgehen, dass dieser Abschnitt der Insel zu einem reinen Hotelstrand umgewidmet wird, zu dem andere Urlauber oder Einheimische dann keinen Zutritt mehr haben (wie schon mit anderen Stränden geschehen, wie zum Beispiel *Barbara Beach)*.

Noch gibt es an der *Carracasbaai* eine kleine Imbissstube und ein kleines - sagen wir mal Restaurant - in dem zumindest der Kaffee scheußlich schmeckt.

Am Strand selbst sind einige wenige Sitzbänke mit Palmdächern vorhanden, die allerdings während unseres Aufenthaltes alle belegt waren.

Playa Kanoa

Die Bucht *Playa Kanoa* liegt im Nordosten der Insel und ist recht schwer zu finden. Der unbefestigte Weg dorthin führt vorbei an illegalen Müllhalden und Autowracks. Nach etlichen Kilometern durch die Wildnis auf schlechten Wegen glaubt man nicht mehr wirklich daran, überhaupt irgendwo anzukommen, wenn nicht plötzlich ein paar ärmliche Wellblechhütten auftauchen würden, vor denen Wäsche getrocknet wird. Nach längerem Umschauen findet man ein Restaurant, aber es ist nicht zu erkennen, ob oder wann es jemals geöffnet hat. Allerdings hat man von dort einen schönen Blick in die Bucht, die über holprige Pfade zu erreichen ist.

Ein kleiner Fischerhafen, in dem braune Kinder im flachen grünen Wasser herumspringen, schützt vor der rauen See. In der Ferne sind ein paar Surfer zu sehen, die bei jeder zweiten Welle umstürzen, während sich Einheimische am Strand aus Kühlboxen ihr Picknick zubereiten.

Die *Playa Kanoa* ist die einzige Bucht auf der Insel, in der man surfen kann. Aufgrund der starken Brandung sollten sich nur erfahrene und geübte Surfer den wilden Wellen aussetzen, denn ob eines der im Hafen liegenden kleinen Boote verunglückte Surfer retten können, ist fraglich.

Kostenpflichtige Strände:

Blauwbaai

Fangen wir mal mit dem teuersten Strand an, der *Blauwbaai,* in unmittelbarer Nähe von *Curacol / St. Michiel.* Wenn man auf die Anlage zufährt, wird man an einem „Pförtnerhäuschen“ angehalten, von einem freundlichen uniformierten Bediensteten nach seinem Nachnamen gefragt(?) und erhält eine Parkkarte. An der Anlage selbst kostet der Eintritt 14 Naf pro Person, allerdings sind in diesem Preis auch die Strandliegen enthalten. Die Anlage ist ganz hübsch, gute Gastronomie mit entsprechenden Preisen vermisst man hier ebenso wenig wie saubere sanitäre Anlagen und Kabinen zum Umziehen. In unmittelbarer Nähe befindet sich ein Golfplatz.

Zum Schnorcheln ist *Blauwbaai* weniger geeignet.

Port St. Marie

In bzw. hinter *Willibrordus* zweigt an einer Gabelung links der Weg ab zum *Port St. Marie.* (Geradeaus geht es zur Daaibooibaai). Wir zahlten (an einem Sonntag) 8 Naf für den Eintritt und 12 Naf für die Liegen inkl. Sonnenschirm (wochentags sind die Preise um jeweils 1 Naf reduziert). Die Liegen stehen zwar recht dicht beieinander, aber der Abstand ist immer noch weit genug, um der Dame von nebenan nicht unbedingt ins Dekolleté schauen zu müssen. Da der Strand von Korallentrümmern übersät ist, gibt es einen fußsohlenschonenden Holzplattenweg fast bis zum Ende des Strandes.

Obwohl wir bis zur Riffkante schwammen, war auch hier das Schnorcheln nicht sehr ergiebig: es gab keine Korallen und nur ein paar langweilige versprengte Fischlein ließen sich sehen.

An der gut besuchten Freiluft-Rundtheke am Eingang des Strandes gibt es leckere Drinks mit und ohne Alkohol, Snacks und Hauptgerichte, die auch an Tischen serviert werden. Das freundliche, junge Personal wirkt aufgrund des Andranges manchmal etwas überfordert.

Cas (Kas) Abbou

Von *Willemstad* ist *Cas (Kas) Abu* in ca. 45 Minuten zu erreichen. Der Strand in dieser relativ großen, offenen Bucht ist besonders schön, sehr breit und recht sauber, und das Meer schillert - bei entsprechendem Wetter - in den verschiedensten Farben. Allerdings muss man schon 10 Naf (pro Fahrzeug) bezahlen, bevor man ihn überhaupt gesehen hat, denn die „Pförtnerloge“ liegt noch einige Kilometer von der Küste entfernt. Für die Liegen, die verstreut am Strand stehen, zahlt man noch einmal 5 Naf extra pro Person. Auch hier gibt es natürliche Palmsonnenschirme.

Aus den Sträuchern, die den Strand säumen, wagen sich manchmal große Leguane hervor, die sich, inzwischen an Touristen gewöhnt, scheinbar gern fotografieren lassen, sofern niemand in Hektik verfällt. Doch fast alle sind von diesen „Minidrachen“ so fasziniert, dass sie sich kaum zu rühren wagen.

Wie auch bei anderen „Bezahlstränden“ wird auch hier für das leibliche Wohl gesorgt. Es gibt eine offene Restauration mit langer Theke nebst separaten Sitzbänken am Strand mit moderaten Preisen.

Sehr hilfreich empfanden wir, obwohl Nichttaucher, die zum Teil deutsch sprechenden Mitarbeiter der Tauchschule, die uns, dank W-Lan Anschluss behilflich waren. Sie machten unseren Autovermieter ausfindig, der uns einen Ersatzschlüssel brachte. Wir hatten unseren Autoschlüssel im Sand verloren, dachten wir jedenfalls und zuvor den ganzen Strand „umgegraben“. Zu Hause fanden wir ihn dann schließlich in einer Hosentasche wieder. Die Shorts war eine Neuanschaffung und hatte Taschen, von denen wir bis her nichts wussten …

Zum Schnorcheln erscheint uns diese Bucht nur bedingt geeignet, denn es gab kaum, bis keine Fische zu sehen, geschweige denn Korallen. Nur ein Drückerfisch gab sich die Ehre.

Jan Thielbaai

Wer zum ersten (und vielleicht zum letzten)Mal in den Osten der Insel vorstößt und bis dahin glaubte, die Tourismusbranche auf *Curaçao* läge noch in den Kinderschulen, wird eines Besseren belehrt, sobald er sich dem Bezirk *Jan-Thiel* nähert. Es herrscht eine rege Bautätigkeit und Hunderte von Apartments oder Ferienhäuser sind bereits fertiggestellt. Von *Willemstad* benötigt man ca. eine Stunde Fahrzeit durch die östlichen Stadtteile, in denen die frische Meeresbrise von Autoabgasen überdeckt wird.

Die *Jan - Thielbaai* ist im südöstlichen Teil der Insel zu finden, kurz vor der *Caracas Baai.* Man könnte diesen Strand auch „Teutonengrill" a la Mallorca nennen. Die weißen Liegen stehen in Reih und Glied nebeneinander und wer Lust auf körperliche Nähe verspürt, ist hier richtig. Hier scheint das Motto zu lauten: Sehen und gesehen werden. Sonnenschirme sind zwar vorhanden, aber viele Urlauber ziehen es vor, ihre ölig glänzenden Körper im Eilverfahren bräunen zu wollen. Ein „Duft" von Sonnencreme hängt in der Luft.

Auf engstem Raum gibt es zwei oder drei Lokale (so genau war das nicht auszumachen). Souvenirs werden hier angeboten sowie die neuesten Bademoden. Der Eintrittspreis beträgt 5 Naf pro Person. Die Liegen sind nicht kostenlos, aber wenn man Glück hat, wird man von der Kassiererin übersehen.

Im nicht sehr klaren Wasser tummeln sich nur wenige Touristen. Schnorcheln kann sich hier lohnen, wenn man sich mit relativ vielen, wenn auch farblosen Fischchen zufriedengibt.

Nordküste

Wer sich bei seinen Gastgebern, im Hotel oder in der Ferienwohnung, nach der Nordküste erkundigt, wird auf die *Boka Tabla* verwiesen. Hier soll die Brandung besonders beeindruckend sein. Um die *Boka Tabla* zu erreichen, folgt man, von *Willemstad* kommend, den Wegweisern nach *Westpunt* und fährt einfach immer geradeaus (auch wenn es manchmal Kurven gibt) gen Westen, immer an der Nordküste entlang, auch wenn man die mehr erahnen als sehen kann. Hinter dem kleinen Städtchen *Barber* wird es immer einsamer. Etliche Kilometer lang glaubt man, hier sei die Welt zu Ende. Der *Christoffel-Nationalpark,* zu erkennen am hügeligen Gelände, beginnt. Jetzt heißt es Obacht geben, denn am Abzweig zur *Boka Tabla* ist man schnell vorbeigefahren.

Der Eintritt beträgt 5 Naf für zwei Personen. Vom Parkplatz aus bis zur Steilküste läuft man noch fast zwanzig Minuten über teilweise unwegsames Gelände. Da wir an diesem Tag spät dran waren, verzichteten wir auf diesen Ausflug und beschlossen, später die Steilküste auf eigene Faust zu erkunden, was sich aber als nicht so einfach herausstellte. Die wenigen Wege, die im Norden an die Steilküste führen, sind schmal und von stacheligen Büschen gesäumt. Und meistens endet der Weg im Nichts und man müsste, um ans Meer zu kommen, noch ein gutes Stückchen wandern, was bei den Temperaturen eine echte Strapaze ist. Auf einer dieser Sackgassen landeten wir auf einer Art bäuerlichen Anwesen. Wohlgenährte Rindviecher standen bis zu den Waden in schlammigen Pferchen und glotzten uns aus großen Augen an. Ein paar aufgeregte Hühner stoben gackernd und flügelschlagend davon. Als sich uns ziemlich eilig ein älterer Mann näherte, befürchteten wir eine heftige Rüge, weil wir uns wohl auf Privatgelände befanden. Aber der Mann zeigte sich nur hilfsbereit und wies uns den Fußweg zur Steilküste. Wir nahmen lieber unser Auto und fuhren in die Zivilisation zurück.

Wir wollten schon fast aufgeben, zur Steilküste vorzustoßen, als wir in *Barber* einen überaus freundlichen Einheimischen trafen, der uns den Weg zeigte und mit seinem Fahrzeug sogar noch ein Stückchen voraus fuhr. Danach waren wir uns selbst überlassen und völlig allein mit unserem schon etwas altersschwachen Auto auf einem wüstenähnlichen riesigen Plateau. Die Brandung schlug dort mit großer Wucht ans Ufer und aus einem tiefen Felsloch schoss in regelmäßigen Abständen eine Wasserfontäne hervor. Ein tolles Schauspiel und etliche Fotos wert. Man nennt diesen Ort auch *Boka Pistol.*

oben: Playa Jeremie
unten: Grote Knip

Nur gut, dass unser Wägelchen wieder ansprang und uns sicher nach Hause zurückschaukelte.

Auf der anderen, der nordöstlichen Seite der Insel liegt die *Sint Joris Baai,* eine wunderschöne, riesige friedliche Lagune im Bezirk *Koral Tabak.* Um dort hinzugelangen, braucht man Zeit und Geduld und mindesten drei Liter Wasser (zum Trinken). Die schwitzt man nämlich aus, während der Fahrt durch die heiße Stadt. In *Koral Tabak* entsteht eine neue Siedlung für betuchtere Leute. Hinter der Siedlung in Richtung Lagune sieht man ein verfallenes Gebäude, das vielleicht einmal als Pförtnerportal gedacht war. Auch eine größere inzwischen bröckelnde Betonplattform deutet darauf hin, dass hier ein Bauvorhaben geplant war, ein Hotel, Ferienwohnungen oder Eigenheime, jedoch nicht zu Ende geführt wurde. Jetzt verirren sich nur sporadisch Touristen an diesen an sich hübschen Ort. Eine Gruppe von wahrscheinlich fröhlichen jungen Leuten hat sich wohl deshalb dort aus Strandgut eine kleine Bar gebaut.

Weniger einladend ist eine Stelle an der Nordküste rechts neben dem Flughafen. Obwohl es einen offiziellen Müllabladeplatz auf der Insel gibt, scheint es ein Großteil der Bevölkerung vorzuziehen, seine Abfälle hier abzulegen. Autowracks, Bauschutt, Kühlschränke, Badewannen, WC-Becken und Ähnliches säumen den Weg. Je näher man der Küste kommt, desto mehr fängt es unangenehm an zu riechen. Tanklastfahrzeuge, die die Fäkalienbehälter entleeren, pumpen hier ihre Fracht ins offene Meer – zurück zur Natur. Zu erwähnen wäre noch, dass es hier auch einen Tauchplatz gibt ...!

Die Unterwasserwelt: *Tauchen und Schnorcheln*

Es gibt fast 100 Tauchplätze auf *Curaçao* (auch Wrack- Strömungs- und Nachttauchen ist möglich), von denen etwa 60 direkt vom Strand aus zu erreichen sind. (Strand heißt dabei nicht unbedingt Sandstrand).Der Umstand, nicht unbedingt auf ein Boot angewiesen zu sein, wird von den Tauchern sehr geschätzt. Es werden jedoch auch Bootstouren angeboten, z.B. in der *Playa Santa*

Cruz. Die Riffkanten beginnen ab zwanzig Metern vom Ufer aus. Tauchunterricht wird in mehr als zwanzig Tauchschulen angeboten. Nicht alle sind im Internet zu finden. Bei der Suche nach den besten Plätzen und Schulen sind die Gastgeber behilflich. Oft liegt auch eine bunt bebilderte, dreisprachige (auch auf deutsch) Broschüre aus, in der die schönsten Tauchplätze beschrieben sind. Eine deutschsprachige Tauchschule hat im Dezember 2008 geschlossen.

Da viele Niederländer, die Tauchschulen betreiben, etwas Deutsch sprechen, sollte es kein Problem sein, einen Tauchkurs zu absolvieren. Wer sich erst im Urlaub entscheidet, Tauchen zu lernen, findet alle Ausrüstungsgegenstände in Tauchläden auf der Insel. Wer ausschließlich zum Tauchen auf die Insel kommt, sollte ein Hotel wählen, wo Wohnen und Tauchen kombiniert angeboten werden. Leider hat sich Tauchen inzwischen zu einem Massensport entwickelt und die Heerscharen von Unterwassertouristen, die diesem neuen Freizeitvergnügen mittlerweile nachgehen, zerstören die letzten Paradiese. Die Ausbildung der Taucher zielt oft nicht mehr darauf ab, die sensible Welt der Korallen nur zu bestaunen. Die Taucher dürfen Handschuhe tragen, (auf den Malediven zum Beispiel nicht) können sich somit an scharfen Korallen festhalten und schon ist wieder ein Stückchen mehr abgebrochen. Die schlagenden Flossen der Hobbytaucher, die oftmals nicht einmal schwimmen können, tun ihr Übriges. Auf *Curaçao* hält sich der Tauchtourismus noch in Grenzen, obwohl diese Insel zu den schönsten Tauchplätzen der Welt gehören soll. Als überzeugte Nichttaucher und oft belächelte ohne-Flossen-Schnorchler können wir das weder bestätigen noch negieren. Vielleicht waren unsere Erwartungen zu hoch, weil wir andere Unterwasserwelten kennen, möglicherweise lag es auch an dem Tropensturm, der im Oktober 2008, nur wenige Wochen vor unserer Ankunft über die Insel hinweggefegt war und nicht nur an Land, sondern auch unter Wasser große Zerstörungen anrichtete, sodass uns das Schnorcheln auf *Curaçao* nicht unbedingt begeisterte. Andere Touristen, die nicht zum ersten Mal Urlaub auf *Curaçao* machten, berichteten begeistert von Muränen, Seenadeln, Barrakudas, Schildkröten und anderen tropischen Fischen, die ihnen vor dem Sturm beim Schnorcheln begegnet waren. Auch Tauchern fielen Zerstörungen hinter der Riffkante auf. Aber schon in wenigen Monaten mag sich ein anderes Bild bieten. Viele Korallen wachsen schnell nach und dann kommen auch die Fische zurück. Nicht umsonst ist *Curaçao* ein für Taucher und Schnorchler beliebtes Urlaubsziel.

Fauna:
Kolibris und Mini-Drachen

Auf *Curaçao* gibt es keine gefährlichen Tiere, wenn man von den kleinen Biestern, den Mücken, die das **Dengue-Fieber** übertragen können, einmal absieht. Die Tierwelt auf *Curaçao* ist nicht besonders spektakulär, aber bei genauerem Hinsehen gibt es doch einiges zu entdecken.

Urlauber, die sich für einen Aufenthalt außerhalb von *Willemstad* entschieden haben, werden recht bald Bekanntschaft mit kleinen *Eidechsen* machen, die auf warmen Steinen schlafen oder über die Wege huschen. Manche von ihnen erreichen eine beachtliche Größe von dreißig Zentimetern oder mehr. Sie sind dann zwar immer noch harmlos, sehen aber nicht mehr ganz so niedlich aus. In den Abendstunden finden sich die *Geckos* ein, nicht nur auf der Terrasse, sondern, auch gern im Schlafzimmer. Diese kleinen Tierchen, die so aussehen, als hätte man ihnen das Fell abgezogen, kleben mit ihren vier Saugfüßchen an Decken und Wänden und können manche sensible Seele in Angst und Schrecken versetzen. Man sollte aber dennoch nicht zur Fliegenklatsche greifen oder andere Vertreibungsversuche unternehmen, denn wenn man Glück und genug Geckos im Zimmer hat, wird die Nacht geruhsam weil mückenfrei. Gegen die winzigen Geckos wirken die *Leguane,* die ebenfalls zur Familie der Echsen gehören und denen man auf *Curaçao* auch nicht selten begegnet, geradezu riesig. Wie kleine „Urzeitmonster“ liegen sie auch am Strand gern faul in der Son-

oben: Leguan
unten: Boca Sami

ne, wenn man sie in Ruhe läßt. Leider enden sie auch oft wie die vielen wilden Hunde tot am Straßenrand. Einige Exemplare des grünen Leguans können bis zu einmeterfünfzig lang werden. Wir haben nur kleinere Vertreter dieser Gattung gesehen, aber manche von ihnen schimmerten herrlich wie grünes Metall und waren sogar ein wenig zutraulich.

Das größte auf *Curaçao* wild lebende Säugetier ist der *Weißwedelhirsch*, der so genannte „weiße Hirsch“ von denen schätzungsweise 200 Stück auf *Curaçao* leben, davon etwa 70% im *Christoffel Nationalpark.* Diese Gattung hat eine weiße Unterseite und einen langen, ebenfalls einen auf der Unterseite weißen Schwanz. Einige Touristen begeben sich auf eine beschwerliche Wanderung bei glühender Hitze, nur um diesen Hirsch zu sehen. Wir haben darauf verzichtet!

Die Vogelwelt auf *Curaçao* ist schon etwas exotischer und vielfältiger. Mindestens 168 Vogelarten sollen sich der Insel tummeln, 51 sind Brutvögel, 71 Arten sind „Einwanderer“ aus den Vereinigten Staaten. In den *Jan Kok Salinen* in Richtung *Vairsenbaai* sind manchmal bis zu hundert rosarote *Flamingos* zu bestaunen, die dort Schnecken, Larven Mücken und Fliegen fangen, während sie mit ihren langen dünnen Beinen im flachen Wasser stehen. Man sollte nicht enttäuscht sein, wenn sich nur wenige Flamingos dem Fototermin stellen. Auch einzelne Exemplare dieser besonderen Vögel sind schön anzusehen.

In blütenreichen Gegenden sind verschiedene Arten von Kolibris zu beobachten wie die *Bananaquits*. Sie werden auch Zuckervögel oder Zuckerdiebe genannt, da sie den kristallförmigen Zucker lieben, der in Strandbars zum Kaffee gereicht wird. Die Vögel sind so versessen auf diese Süßigkeit, dass sie sich nicht scheuen, den Zucker auch direkt vom Tisch zu stibitzen. Manche Restaurantbesitzer machen sich die Leidenschaft dieser kleinen Vögel, sie werden gerade einmal elf Zentimeter groß, zunutze und hängen kleine mit Zucker gefüllte Schälchen auf, um sie anzulocken oder auch zu zähmen. Dieser Kolibri kann nicht schwirren oder schweben, und muss sich zur Nahrungsaufnahme setzen. Normalerweise ernährt er sich wie andere Kolibris von Nektar. Zu erkennen sind diese Vögelchen an ihrem dunklen Obergefieder und ihrer leuchtend gelborangen Brust. Die zweite Kolibriart, der wir auf *Curaçao* begegnet sind, ist wesentlich kleiner, sieht aber so aus, wie man sich einen Kolibri vorstellt. Dieser winzige Vogel mit grün-metallisch schimmerndem Gefieder schwirrt nur Bruchteile von Sekunden vor einer Blüte, bevor er zur nächsten huscht. Wir haben Stunden damit zugebracht, einen von ihnen auf einem Foto festzuhalten. Die Kolibris waren immer schneller als wir. Leichter lassen sich die *Pelikane* fotografieren. Sie sind natürlich nicht nur wesentlich größer, sondern auch viel gemächlicher. An der *Playa Forti* im Norden der Insel sind sie ständige Gäste der Fischer, die ihren frischen Fang zerlegen und die Reste ins Meer werfen. Doch die Pelikane fressen bei Weitem nicht alles, was ihnen zugeteilt wird. Nur gelegentlich genehmigen sie sich einen kleinen Bissen. In der *Playa Kalki* dagegen gehen die Pelikane auf Raubzug. Dort scheint es Fische nach ihrem Geschmack zu geben.

Recht häufig sieht man *Orioles* oder *Trupiale,* die Nationalvögel von *Curaçao*. Die ca 18 cm großen schwarzen Sperlingsvögel mit einer herrlich leuchtenden orangen oder gelben Brust und einem weißen Muster auf den Flügeln, sitzen auf den höchsten Spitzen der Bäume oder der Kakteen und trällern melodisch, klar und laut vor sich hin…, wenn sie Lust dazu haben.

Wenn der kleine Vogel sein „Ständchen“ nach Osten singt, so glauben die Einheimischen, bedeutet das gute Nachrichten.

Zu den auf *Curaçao* lebenden Vogelarten gehören auch Fregattvögel, Reiher, Tauben, Möwen, Seeschwalben aber auch große *Sittiche,* die uns am meisten begeistert haben. Dort, wo wir während unseres Aufenthaltes Quartier bezogen hatten, lebten vier bis sechs wunderschöne Exemplare, geschätzte dreißig Zentimeter groß (mit Schwanz) mit grünem Gefieder und gelbenorangem Kopf, die jeden Morgen und Abend ihre Späßchen trieben. Nach einer lautstarken „Unterhaltung“ flogen sie plötzlich auf, drehten zwei oder drei Runden, um dann wieder auf ihren Ruhebäumen Platz zu nehmen. Wahrscheinlich handelt es sich um die auf *Cura-*

çao beheimateten *St.Thomas Sittiche,* eine Unterart des *Braunwangensittichs.* Diese geselligen Vögel werden bis zu 25 cm groß.

Wer es etwas gruseliger mag, kann sich die *Fledermäuse* in den *Hato Höhlen* ansehen. Dort leben geschätzt dreihundert Tiere dieser Gattung, von denen allerdings nur wenige „zu Hause“ sind, wenn die Führung stattfindet. Durch ein Flugloch in der Höhe der Höhlen haben die Fledermäuse Tag und Nacht „Freiflug“.

Nicht unerwähnt bleiben sollen die *Delfine*, die man hin und wieder zu Gesicht bekommt, auch wenn man nicht mit dem Schiff unterwegs ist. Wenn diese flinken Tiere über das Meer huschen, staunen selbst die Einheimischen.

Flora:
Säulenkakteen und giftige Früchte

Curaçao ist keine grüne Insel und hat eher einen wüstenähnlichem Charakter. Es gibt keine Wälder und kaum Palmen. Wer vor der Regenzeit anreist, sieht verdorrte Büsche oder Gestrüpp. Einige dieser wilden Sträucher, die *Acacia Büsche* haben kleine grüne Blätter und lange harte Dornen. Wenn man zu dicht mit dem Auto an ihnen vorbei fährt, kann das im Lack ziemlich hässliche Kratzer hinterlassen. *Curaçao* ist eine Kakteeninsel. Mehrere Hundert verschiedene Arten sollen sich hier angesiedelt haben, vom Winzling bis zu den Giganten. Dem eilig vorbei fahrenden Betrachter fallen zunächst die *Yatu Kakteen* auf. Bis zu neun Meter ragen diese Riesen in den Himmel und sind selbst dann noch zu sehen, wenn die Büsche nach den ersten Regenfällen wieder mit Rasanz zu wachsen und zu grünen beginnen. Einige Einheimische benutzen Teile dieser Kakteen noch immer, um Zäune zu bauen oder ihre Grundstücke einzufrieden. Der nicht ganz so große *Kadushi Kaktus* hat mehr Nadeln als der *Yatu* und ist etwas seltener anzutreffen. Diese beiden Kakteenarten findet man auf den Straßen zu den Stränden, in einer großen Vielfalt aber auch auf den unwegsameren Wegen zur Nordküste. Ende Januar bildeten während unseres Aufenthaltes auf *Curaçao* die ersten Kakteen ihre Blüten aus. Leider konnten wir ihre volle Blütenpracht nicht mehr miterleben. Um kleinere

Kakteenarten zu entdecken, manche sind nur so groß wie ein Kieselstein, müsste man sich schon mehr ins Unterholz oder Gestrüpp begeben, sicher nur ein Freizeitvergnügen für ausgesprochene Kakteenliebhaber.

An manchen Buchten ist der auf den ABC-Inseln heimische *Divi Divi Baum* zu bewundern. Mit seinem knorrigen Stamm und seiner vom ewigen Passatwind schiefen Krone fällt er sofort ins Auge. Von Juli bis August blüht auf *Curaçao* leuchtend rot der *Flamboyant* (Flammenbaum). Aber auch ohne Blüten ist dieser zur Familie der Johannisbrotgewächse gehörende Baum ein Blickfang. Aus den Samen kann man zu Hause Pflanzen ziehen, die sich zunächst prächtig entwickeln. Leider überstehen sie die hiesigen klimatischen Bedingungen nicht sehr lange. Wenige Wochen nach Beginn der Regenzeit fängt die Natur auf *Curaçao* wieder an zu leben. Die tot geglaubten Strauchgewächse entwickeln in unglaublicher Geschwindigkeit neue Triebe und müssen an Straßen und Wegen radikal gekürzt werden, da sie sonst alles überwuchern würden. Wenige Wochen später machen sich auf diesen Büschen in Gelb, Pink und Lila wunderschön blühende „Schmarotzerpflanzen" breit. Dort wo man diesen Pflanzen freien Lauf lässt, breiten sie sich aus und bedecken alles, selbst alte, verrostete Autos am Straßenrand…! Auf *Curaçao* stößt man oft auf Aloe Vera Pflanzen, auch *Curaçao Aloe* oder Wüstenlilie genannt. Das Gel dieser dickfleischigen Heilpflanze, in Europa oft als Zierpflanze gehalten, wird sowohl zu verschiedensten Hautpflegeprodukten als auch zur Herstellung von Gesundheitsgetränken verwendet. (Siehe auch *Aloe-Vera Farm*). Wer sich zu einer Wanderung und Führung durch den *Christoffel-Nationalpark* entschließt, soll dort viele blühende Pflanzen vorfinden, die man gelegentlich auch sieht, wenn man in die Vorgärten der Einwohner schaut. Pflanzen wie Hibiskus, Bougainvillea und Oleander, die in heimischen Gefilden kaum im Blumentopf überleben, wachsen dort zu Bäumen oder wuchernden Büschen heran und müssen massiv zurückgeschnitten werden. Der nordeuropäischen Seele könnte bei diesem Anblick das Herz bluten. Auch Kakteen wachsen sich bei entsprechender Pflege in den

Gärten zu wahren Ungetümen von einem Meter Durchmesser aus. Man sollte allerdings gebührenden Abstand halten, denn die Stacheln der Kakteen können zu schmerzhaften Verletzungen führen. Die einzig wirklich gefährliche Pflanze auf *Curaçao* ist der *Manzanillo-Baum,* ein kleiner verzweigter Baum mit glatter, hellbrauner Rinde und sehr kleinen grünen Blättern. Die Früchte ähneln kleinen grünen Äpfeln. Anzutreffen ist dieser Baum zum Beispiel bei den *Hato Höhlen.* Spezielle Schilder weisen auf die Gefährlichkeit hin. Aber auch an Stränden kommt dieser Baum vor, ohne dass davor gewarnt wird. Nicht nur die Früchte des Baumes, die so appetitlich aussehen, dass man sie probieren möchte, sind giftig. Auch der Saft, der mit Regentropfen auf die Haut gelangen kann, führt zu schweren Verbrennungen. Die Reaktion setzt nach ca 30 Minuten ein. Gerät ein Topfen des milchigen Saftes der Pflanze ins Auge, kann das zur Erblindung führen. Selbst wenn Rauch von verbrannten Pflanzenteilen ins Auge gelangt, besteht die gleiche Gefahr. Bevor man also in solche Frucht hinein beißt, bei Regen unter ihnen Schutz sucht oder ein Lagerfeuer anfacht, sollte man zuvor jemanden befragen, der sich auskennt, denn es wachsen auf *Curaçao* auch kleine ungefährliche Bäume am Strand, deren Früchte durchaus genießbar sind.

Die Bevölkerung: *eine farbenfrohe Mischung*

Auf *Curaçao* leben zwischen 150.000 und 170.000 Menschen aus fast fünfzig Herkunftsländern, die meisten davon in *Willemstad.* Überwiegend sind es Nachkommen der ehemaligen schwarzen Sklaven aus Afrika. Nachfahren der ursprünglichen Bevölkerung, den Indianer, gibt es kaum noch auf der Insel. Nur 6% der Einheimischen sind weiße Niederländer. Als Arbeiter angeworben und geblieben leben auch viele Südamerikaner und Portugiesen auf der Insel. 80 % der Bevölkerung gehört dem katholischen Glauben an. Die restlichen 20 % sind überwiegend Protestanten, Juden oder Muslime.

Wirklich große Armut, wie man es von einigen anderen Karibikstaaten kennt, haben wir auf *Curaçao* nicht gesehen, was nicht heißen soll, dass es hier keine Armut gibt. Wer sich nur wenig abseits der Touristenzentren bewegt, sieht ärmliche kleine Häuser, von denen die Farbe und der Putz abbröckeln. Einige Menschen an der Nordküste wohnen auch in windschiefen Wellblechhütten, wenn auch mit einer Satellitenschüssel auf dem Dach und einem Allrad - Jeep vor der Tür. Von Bettlern wurden wir zu keiner Zeit belästigt … weil es anscheinend keine gibt. Stattdessen ist uns die unglaubliche Hilfsbereitschaft der Einheimischen aufgefallen, egal welcher Hautfarbe sie waren. Wen oder wonach wir fragten, immer versuchte man uns zu helfen. Wenn die erste von uns angesprochene Person die Antwort nicht wusste, befragte diese jemand anderen und wieder andere, falls es nötig wurde. Manchmal fuhren die Einheimischen mit ihrem Auto solange vor uns her, bis wir gefunden hatten, wonach wir suchten. Sie riefen für uns an oder liehen uns ihr Handy. Diese Freundlichkeit ist umso überraschender, weil wir oft mit den Holländern verwechselt wurden, auf die viele dunkelhäutige Einheimische nicht gut zu sprechen sind. Wenn wir von ihnen nach unserer Herkunft befragt wurden, verstanden sie statt „Deutsche“ „Dutch“(Holländer). Nachdem wir das erkannt hatten, versuchten wir uns besser zu erklären. Ein junger Schwarzer strahlte mich daraufhin an und sprach in fließendem Deutsch den Satz: „Ich liebe Dich“!

Politik: *Curaçao, ein fast europäisches Land in der Karibik?*

Die politische Situation der Niederländischen Antillen ist für Menschen, die nicht in einem „Königreich“ leben und auch keine, wenn auch ehemalige Kolonien besitzen, nicht ganz leicht zu erklären.

Die Niederländischen Antillen gehören geografisch zur Inselgruppe der *Kleinen Antillen* in der Karibik, politisch bilden sie ein Land innerhalb des Königreiches Niederlande, neben dem europäischen Niederlande selbst und der Insel *Aruba* (seit 1986 separates und autonomes Mitglied des Königreiches).Die Verwaltung *Curaçaos* besteht aus einer Regierung und dem Parlament. Der Gouverneur, formell Regierungsleiter, vertritt das Staatsoberhaupt der Niederlande. Die politische Verantwortung liegt aber bei dem Ministerpräsidenten und den Ministern. Seit 1990 wird über die Zukunft der Niederländischen Antillen diskutiert. Auf *Curaçao* und *Sint Maarten* gab es Autonomiebestrebungen nach dem Beispiel *Arubas*. Die Mehrheit auf *Curaçao* sprach sich jedoch für einen Verbleib im Verband der Niederländischen Antillen aus. 2005 stimmte die Bevölkerung über den zukünftigen Status ihrer Insel ab. 67,33% der Stimmberechtigten entschieden sich dafür, dass *Curaçao* ein autonomes, eigenständiges Land innerhalb des niederländischen Königreiches werden soll. 4,82% wünschten die Unabhängigkeit vom niederländischen Königreich, 23,61% sprachen sich dafür aus, ein Teil der Niederlande zu werden, vergleichbar *mit Bonaire, Saba und Sint Eustatius*. Nur 3,74% wollten, dass *Curaçao* Teil der Niederländischen Antillen bleibt. Um eine gute Ausgangslage für die Unabhängigkeit der Inseln zu schaffen, verpflichteten sich die Niederlande, 70% der Staatsschulden (rund 1,7 Milliarden Euro) der Niederländischen Antillen zu begleichen. Im Gegenzug sollen *Bonaire, Saba und Sint Eustatius* Gemeinden mit Sonderstatus innerhalb des Königreiches werden. Im Dezember 2008 beschlossen niederländische und antillianische Politiker an einem runden Tisch auf *Curaçao,* dass die Niederländischen Antillen 2010 aufgelöst werden sollen. Nur sechs Monate später, im Mai 2009, fand ein erneutes, nicht bindendes Referendum statt. Die Bevölkerung wurde erneut aufgerufen über das ausgehandelte Ergebnis abzustimmen. Nur noch 52 % waren nunmehr noch dafür, dass *Curaçao* ein eigenständiges Land innerhalb des Königreiches der Niederlande werden soll.

Dennoch soll am 10.10.2010 das Land Niederländische Antillen aufgehoben und die neuen Länder *Curaçao* und *Sint Maarten* würden dann ein eigenständiges Land innerhalb des Königreiches

oben: Playa Lagun
unten: Playa Forti

Niederlande werden. Ob *Curaçao* dann auch zur EU gehört und wenn ja, unter welchen Voraussetzungen, bleibt abzuwarten. Bisher sind die Niederländischen Antillen lediglich assoziierte Mitglieder der Europäischen Union.

Geschichte Curaçaos und *die vergessene Vergangenheit*

Geologische Entstehung von Curaçao:

Vor ca 5 Millionen Jahren gab es zwei Inseln, die **„banda riba“** und die **„banda bou“**. Diese beiden Inseln verbanden sich durch Korallenwuchs und so entstand *Curaçao.*

Die ersten Bewohner von Curaçao:

Indianer vom südamerikanischen Festland, die *Arawaks*, kamen von ca. 2500v. Chr. bis 450 n.Chr. nach *Curaçao* und lebten von der Jagd und der Fischerei. Später wanderten die *Caiquetios* ein, groß gewachsene Indianer aus dem Nordwesten Venezuelas. Angeblich wurde nach ihnen die Insel benannt. Diese Indianer blieben bis zur Ankunft der Spanier und betrieben Landwirtschaft und Töpferei.

1499: Alonso de Ojeda, Leutnant und ehemaliger Begleiter von Columbus entdeckt die Insel *Curaçao.* Die dort seit über 2000 Jahren lebenden Ureinwohner, die Caiquetios-Indianer werden versklavt. Für die Spanier ist *Curaçao* nicht sonderlich interessant, da keine Bodenschätze gefunden werden.

1634: Die Niederländer erobern *Curaçao, Aruba und Bonaire.* Sklaven werden zum Salzabbau eingesetzt.

1642: *Curaçao* entwickelt sich zum größten Sklavenumschlagsplatz der Welt und Zentrum des Sklavenhandels.

1685 - 1717: Fast 500000 Afrikaner werden nach den zehrenden. Schiffspassagen (angekettet unter Deck) auf *Curaçao* aufgepäppelt, zu Dienstpersonal ausgebildet und weiterverkauft. (Afrikas gestohlene Kinder: *Kura-Hulanda-Museum*). Ein Drittel der Sklaven, überwiegend junge Afrikaner, sterben schon während der Überfahrt.

1815: Die Niederländer übernehmen die endgültige Kontrolle über die ABC - Inseln.
1863: Als letztes europäisches Land heben die Niederländer die Sklaverei auf. Fast 7000 Sklaven werden in die Freiheit entlassen.
1914: In Venezuela wird Erdöl entdeckt. Shell gründet auf Curacao eine Raffinerie. Tausende von Arbeitskräften werden benötigt. *Curaçao* wird zum Einwanderungsland.
1954: *Curaçao* erhält die Autonomie in inneren Angelegenheiten.
1983: *Curaçao* wird zur parlamentarischen Monarchie.
1984: Shell verkauft seine Raffinerie für einen Dollar an die Regierung. Es wird gemunkelt, dass die Raffinerie 2012 geschlossen werden soll.

Sklaverei: *siehe auch* Kura-Hulanda-Museum

Kaum ein Land kann sich mit einer blütenweißen Vergangenheit rühmen, auch Holland nicht. Der Sklavenhandel auf *Curaçao* ist das dunkelste Kapitel in der Geschichte der Niederländer. Die von ihnen 1634 endgültig von den Spaniern eroberte Insel stellte sich als eine wertlose, da unfruchtbare Insel dar. Der Erfolg versprechende Versuch, unter den vermeintlich guten klimatischen Bedingungen Orangen anzubauen, scheiterte kläglich. Die Orangen waren zu bitter und zu klein, um sie genießen zu können. Erst später kam man auf die Idee, die getrockneten Orangenschalen zu destillieren und daraus den bekannten „*Curaçao*-Likör" herzustellen. Doch mit diesem neuen Produkt ließen sich keine Geschäfte machen. Den einzigen Nutzen, den die Niederländer von der von ihnen eroberten, unbrauchbaren Insel *Curaçao* sahen, war der Aufbau des Sklavenhandels, der sich zum größten Sklavenhandel Umschlagsplatz der Welt entwickelte. Die auf *Curaçao* eintreffenden Afrikaner hatten eine lange, beschwerliche Schiffsreise hinter sich, bevor sie zu Sklaven wurden. Wie Vieh unter Deck in engen Schlafkojen angekettet überlebten nur Zweidrittel der gefangenen Passagiere. Auf *Curaçao* angekommen, wurden sie schließlich wie andere Ware aus den Frachtschiffen entladen, mit Hirsebrei aufgepäppelt und anschließend zu Hausangestellten ausgebildet. Der Verkauf dieser Sklaven stellte sich als lukratives Geschäft heraus. Der Sklavenhandel auf *Curaçao* liegt lange zurück, aber die Nachfahren der ehemaligen Sklaven und jetzt auf *Curaçao* lebenden Einheimischen können und wollen ihre Herkunft nicht vergessen oder verleugnen. Aber über die „gestohlenen Kinder Afrikas", wird bisher kaum gesprochen, weder in den Schulen in den Niederlanden, noch in den Schulen auf *Curaçao.* Gegen das Vergessen dieser unrühmlichen Vergangenheit kämpft der Amsterdamer Jacob Gelt Dekker, ein durch harte Arbeit und gute Ideen reich gewordener Geschäftsmann. Sein von ihm gegründetes *Kura-Hulanda-Museum* stellt nicht nur eine Art Wiedergutmachung für die Betroffenen des mehr als zwei Jahrhunderte andauernden Sklavenhandels dar, sondern soll auch darauf aufmerksam machen, dass auch in der heutigen Zeit immer noch Menschen verschleppt und verkauft werden.

Sprache: *Papiamento* (siehe auch Sprachführer)

Die Amtssprache auf *Curaçao* - wie auch auf *Bonaire* und *Aruba*- ist niederländisch. Kinder werden schon ab dem ersten Schuljahr in dieser Sprache unterrichtet. Die holländischen Touristen können sich also praktisch auf *Curaçao* wie zu Hause fühlen, denn auch die meisten Speisekarten sind in niederländischer Sprache verfasst. Umgangssprache ist allerdings das **Papiamento** (papia = sprechen), ein Sprachgemisch aus Spanisch und Portugiesisch, ergänzt durch niederländische, englische, französische und afrikanische Sprachbrocken. Die ersten Siedler, speziell aus Brasilien, die auf die ABC-Inseln geflüchtet waren, sollen für die portugiesischen Anteile im *Papiamento* verantwortlich sein. Durch spätere Handelsbeziehungen kamen die übrigen Sprachanteile hinzu – so lautet jedenfalls eine offizielle Erklärung. Es könnte jedoch auch eine von Sklaven entwickelte Sprache sein. Um sich untereinander verständigen zu können, ohne von den Sklavenhändlern verstanden zu werden, sollen die Sklaven diese eigene Sprache, das *Papiamento* entwickelt haben. Die **Schriftsprache** des *Papiamento* wurde zwar inzwischen in Lehrbüchern festgehalten, ist aber oft noch nicht vereinheitlicht. So kommen in Straßenkarten manchmal verschiedene Schreibweisen des gleichen Ortes vor.

Kleines ABC der „ C „Insel (oder was man noch wissen sollte).

Anreise

Wer sich für einen Urlaub auf *Curaçao* entschieden hat, muss bisher noch über Amsterdam fliegen, entweder mit der **KLM** oder **Martinair,** beides niederländische Fluggesellschaften. Seit 2004 fliegt die Fluggesellschaft **Arkefly** ebenfalls nach *Curaçao.* Diejenigen, die nicht mit dem Auto oder dem Zug nach Amsterdam fahren können oder wollen, sind auf einen Zubringerflug angewiesen (täglich ab Berlin, Bremen, Düsseldorf, Frankfurt, Hamburg, Hannover, Köln, München, Nürnberg und Stuttgart).In der Regel hat man auf dem Hinflug nur eine knapp bemessene Zeit, um mit seinem Bordgepäck vom Ankunftsgate das Abfluggate zu erreichen. Der Flughafen *Schipol* ist recht groß und man muss schon die Beine in die Hand nehmen, wenn man seinen Anschlussflug erreichen will. Wer vor dem langen Flug noch eine letzte Zigarette rauchen möchte, hat seine liebe Not, um sich nach der einzigen „Raucheroase" auf dem gesamten Flughafen durchzufragen. Am Ziel angekommen, findet man eine winzige Glaskabine vor, in die man sich mit anderen „Paffern" zwängen muss, um seinem Laster zu frönen. Ein Ort zum Abgewöhnen, obwohl die Luft nicht so schlecht ist, wie sich vermuten ließe, aber auch ein Ort der Kommunikation, eigentlich der einzig wirkliche auf diesem Flughafen. Hier trifft sich alles aus allen Herren Länder, vom schludrig gekleideten Rucksacktouristen bis zum vom Feinsten gestylten Topmanager. Und jeder redet mit jedem, regt sich über diese Zumutung auf, den letzten Zug in dieser „Zelle" nehmen zu müssen.

Die Flugzeit von Amsterdam nach *Curaçao* beträgt auf dem **Hinflug 9.30** Stunden. Die Vorfreude lindert ein wenig die quälend lange Zeit. Zurück fliegt man eine Stunde weniger, immer noch lange genug.

Die Bordmahlzeiten bei Martinair sind wenig schmackhaft bis nicht genießbar. Wir sind beileibe nicht besonders wählerisch und schon einiges gewöhnt. Nicht nur bei dieser Airline wird immer mehr gespart. Das Servieren der Speisen dient, wohl eher der Beschäftigungstherapie, als dem Stillen des Hungers.

Wir hatten die „Comfort-Class" gebucht, hört sich teuer an, ist es aber nicht. Pro Flugstrecke und Person zahlt man 49€ und hat dadurch auf den Sitzplätzen 10% mehr Beinfreiheit. Wir konnten den Sitzplatz frei wählen und saßen nicht wie Ölsardinen im Flugzeug. Kaum zu glauben, wie viel 10% ausmachen. Die übrigen Vergünstigungen der Comfort-Class-Class kann man getrost vergessen. Zum Kaffee gab es einen Likör und eine Praline und jeder Fluggast in dieser Klasse bekam einen kleinen Videoplayer, um sich Filme anschauen zu können. Dieses unhandliche Gerät konnte man nirgendwo befestigen, und die zur Auswahl stehenden Filme waren zur vorübergehenden Ablenkung gerade mal geeignet.

Ankunft und Abreise

Es ist bereits fast dunkel, wenn man von Amsterdam kommend gegen 18.30 Uhr auf *Curaçao* landet, aber immer noch schwülwarm, wenn man das Flugzeug verlässt. Der kleine Flughafen *Hato* macht, wenn man einreist, einen schmuddeligen Eindruck, was nicht sonderlich stört, denn nach acht bis zehn Stunden Flugzeit, ist man nur froh, überhaupt wieder festen Boden unter den Füssen zu haben. Diese Freude kann jedoch schnell vergehen, wenn man auf sein Gepäck warten muss. Eine halbe Stunde (oder länger) kann sich in der unklimatisierten Ankunftshalle schon leicht zu einer Ewigkeit auswachsen. Nahe den Rollbändern für das Gepäck gibt es einen primitiven „Duty Free Shop", wo eine spärliche Auswahl an Zigaretten und alkoholischen Getränken angeboten wird. Auf einen Einkauf kann man verzichten, denn zumindest die Zigaretten sind auf der Insel billiger. Alkohol haben wir dort keinen gekauft. Die anschließende Zollkontrolle kann ziemlich heftig verlaufen, zumal wenn man vermeintlich Niederländer ist (blond und käseweiß), da die Einfuhr von Drogen aus dem in dieser Hinsicht liberalerem Holland befürchtet wird. Bei uns und einigen anderen Leidensgenossen wurde ziemlich rücksichtslos das gesamte Gepäck durchwühlt und wir hatten Mühe, es wieder in eine transportable Form zu bringen.

Das Umtauschen von Geld soll am Flughafen zwar theoretisch möglich sein (ein wenig vertrauenerweckender Automat steht am Ausgang kurz hinter der Zollkontrolle), man sollte sich aber besser eine Bank auf der Insel suchen, die fast alle über einen Geldautomaten verfügen.

Der Flughafen ist von *Willemstad* ungefähr elf Kilometer entfernt.

Rückflug

Bei der Abreise entpuppt sich der kleine Flughafen als hübsche saubere Anlage mit zahlreichen Snackbars und kleinen Souvenirläden. Leider kann man den Aufenthalt dort kaum lange genießen, denn mindestens drei Stunden vor Abflug wird man aufgefordert, einzuchecken. In der Abflughalle gibt es keine Möglichkeit mehr, eine letzte Zigarette zu rauchen.

Es gibt keine Gepäckaufbewahrung am Flughafen.

Die Zeit, die auf dem Hinflug beinahe fehlt, hat man dann auf dem Rückflug zur Genüge. Lockere vier bis sechs Stunden kann man sich auf dem Flughafen *Schipol* umtun, bis der Anschlussflug zum Heimatflughafen abhebt, sofern der nicht auch noch Verspätung hat. Dabei möchte man nach dem langen Flug und den drei bis vier Stunden, die man schon auf dem Flughafen auf *Curaçao* zugebracht hat, nur noch nach Hause und ins Bett. Für diese müden Reisenden hat man in *Schipol* auf einigen Gates bequeme Ruhesessel bereitgestellt und wer keine Angst hat, seinen Weiterflug zu verpassen, kann dort sogar ein wenig schlummern.

Apartments= siehe Hotels

Apotheken

Es gibt zahlreiche Apotheken auf *Curaçao*, die auf den ersten Blick eher wie Drogerien aussehen. Unschwer zu erkennen sind sie an der Bezeichnung **Botika.** In den Botikas kann man sowohl Kosmetikartikel, Tees, Süßigkeiten und vieles mehr erwerben, und natürlich auch Medikamente. Die gibt es allerdings nur an einem separaten Verkaufstresen. Man ordert dort sein Medikament oder legt ein Rezept vor, zahlt an der (einzigen) Kasse und kann dann gegen Vorlage des Kassenbons seine Medizin dort entgegennehmen, wo man sie bestellt hat.

Arbeitslosigkeit

Unbestätigten Berichten zufolge hat *Curaçao* zur Zeit 10,3 % Arbeitslose. Die meisten Arbeitsplätze gibt es in der Erdölraffinerie und dem Tourismus. Es bleibt abzuwarten, was geschieht, wenn die Raffinerie tatsächlich 2012 schließen sollte. *Curaçao* ist bemüht, den Tourismus durch neue Hotelanlagen und Apartments anzukurbeln. Ob sich diese Investitionen lohnen werden, ist fraglich. Gerade der fehlende Massentourismus macht *Curaçao* zu einem interessanten Urlaubsziel.

Architektur

Einer Legende nach verbot vor vielen Jahren ein niederländischer Gouverneur *weiße* Häuser auf *Curaçao,* da er von dem reflektierenden Weiß Kopfschmerzen bekommen haben soll. Tatsächlich sind auf der Insel fast alle Häuser bunt gestrichen, quietschbunt, sagen wir, so wie die holländischen Kuchen oder knallbunt. Jeder, der schon einmal etwas von *Curaçao* gesehen hat, kennt die Skyline von *Willemstad,* und die schönen, in kräftigen Pastellfarben gehaltenen Fassaden.

Speziell in *Willemstad* findet der Architekturinteressierte imposante niederländisch-karibische Kolonialbauten, die man außerhalb der Niederlande so nicht kennt. Sehenswert ist auch die große Kirche in *St. Willibrordus,* die stolz auf einer Anhöhe thront und wie die meisten anderen Kirchen auf *Curaçao* ockergelb gestrichen ist. Wer etwas dafür übrig hat, sollte sich den angrenzenden Friedhof anschauen. Auf den ersten Blick sieht es so aus, als stünden auf den Gräbern Kommoden oder kleine, verzierte Schränkchen. Jeder Schrein ist ein kleines Kunstwerk in weiß!

Hochhäuser sucht man auf *Curaçao* zum Glück vergeblich.

Ärztliche Versorgung

Die ärztliche Versorgung auf *Curaçao* ist gut und ausreichend, auch wenn man sich auf lange Wartezeiten einstellen muss. Manchmal sieht man den Doktor erst nach fünf bis sechs Stunden. In den Arztpraxen läuft in der Regel ein Fernsehgerät. Abgegriffene Zeitschriften verkürzen zusätzlich die Wartezeit, jedenfalls für diejenigen, die sie lesen können. Es ist nicht unüblich, außerhalb der Praxis zu warten oder sich zwischendurch einen Kaffee oder Imbiss zu gönnen. Man will schließlich nicht verhungern oder verdursten, bevor der Arzt kommt.

Es gibt einige Krankenhäuser auf *Curaçao.* Das größte und bekannteste ist das *Elisabeth-Krankenhaus* in Otrabanda, das als das modernste Krankenhaus in der Südkaribik gilt. Sofern man darauf angewiesen sein sollte, einmal die Erste - Hilfestation aufsuchen zu müssen, können einem - gemessen an deutschen Maßstäben – zunächst Zweifel aufkommen, aber man wird schließlich doch überrascht. In dieser Station sind die einzelnen Kabinen nur durch große, saubere und weiße Tücher getrennt, was aber eine „luftige Atmosphäre“ vermittelt. Die dort tätigen Ärzte machen einen äußerst kompetenten Eindruck und auch die Hygiene und Keimfreiheit wird streng geachtet.

Das *Elisabeth-Krankenhaus* verfügt außerdem über eine Dekompressionskammer. Ein Dialysezentrum und eine Zahnklinik sind auf *Curaçao* ebenfalls vorhanden.

Ein kleines Ärztezentrum plus Apotheke findet man auch auf der Straße *Weg Naar Westpunt* auf der linken Seite kurz bevor man zu dem Supermarkt *Centrum* abbiegen würde.

Banken

Die Banken haben von Mo. bis Fr. zwischen 8 - 15.30 Uhr geöffnet. Einige Filialen schließen während der Mittagspause! An der Flughafenbank kann man montags bis samstags von 8 – 20.00 Uhr seine Geschäfte tätigen sowie sonntags von 9- 16.00 Uhr.

Deutsche Vertretung:

Honorarkonsul der Bundesrepublik Deutschland
Willemstad, Kaya Kooyman 48
Tel: (005999) 4613870

Drogen+Alkohol

Der Handel mit Kokain soll noch vor wenigen Jahren der bedeutendste „Wirtschaftszweig" auf *Curaçao* gewesen sein. Der „Stoff" stammte vom südamerikanischen Festland wie z. B. Kolumbien und wurde von Kurieren, die die mit dem Rauschgift gefüllten kleinen Beutel verschluckten und so von *Curaçao* nach Amsterdam transportierten. Die Regierung von *Curaçao* versuchte, den Drogenhandel zu unterbinden, aber im Jahr 2002 wurden im Flughafen *Hato* die Kontrollen vorübergehend eingestellt, da man die Rache der Drogenmafia befürchtete. 2003 soll es auf *Curaçao* fünfzig Mordopfer gegeben haben, die überwiegend aus dem Drogenmilieu stammten.

Durch die jetzt massive Verschärfung der Kontrollen an den Flughäfen sowohl in Amsterdam als auch auf *Curaçao* versucht die Regierung von *Curaçao* die Aus- und Einfuhr von Drogen zu verhindern, mit einigem Erfolg. Allerdings soll sich durch die Reduzierung des Drogenhandels jetzt die allgemeine Kriminalität verstärkt haben, wovon wir allerdings nichts bemerkt haben.

Auf *Curaçao* sind alkoholische Getränke, gemessen an deutschen Maßstäben, recht teuer. Dennoch trinken viele Einheimische häufig schon am Morgen Bier und auch beim Autofahren.

Einfuhrbestimmungen
Die Einfuhr von illegalen Drogen, wozu auch Marihuana zählt, nach *Curaçao* ist verboten und wird bestraft. Erlaubt sind p.P. 200 Zigaretten, 100 Zigarillos, 50 Zigarren oder 250 Gramm Tabak sowie 2 Liter alkoholische Getränke. Parfüm kann in unbegrenzter Menge eingeführt werden. Geschenke dürfen einen Wert von 100 Naf (niederländische Antillenflorin, siehe auch Währung) nicht übersteigen. Für teure Wertgegenstände im Gepäck, wie Schmuck o.ä. sollte eine Kaufquittung mitgeführt werden.

Einreise
Notwendig sind ein noch sechs Monate gültiger Reisepass sowie ein Rückflugticket.

Elektrizität
Die Stromspannung auf *Curaçao* beträgt 110 bis 130 Volt. Sofern kein Stromumwandler in der Urlaubsunterkunft vorhanden ist, kann man seine Elektrogeräte besser zu Hause lassen, es sei denn, die Urlaubsunterkünfte verfügen über einen Transformator für beide Stromspannungen. In Ausnahmefällen wird 220 Volt Strom angeboten. Europäer benötigen dennoch in beiden Fällen einen Adapter für die Steckdosen, den es auf der Insel zu kaufen gibt. Die in Deutschland im Handel angebotenen Vielfachstecker für Reisen ins Ausland nützen auf *Curaçao* nichts. Manche „Gastgeber“ leihen diese Adapter aber aus. Wer auf seine Elektrogeräte, welcher Art auch immer, nicht verzichten möchte oder kann, sollte sich bei Buchung des Hotels oder der Ferienwohnung vorher nach der dort verfügbaren Stromspannung erkundigen.

In manchen Ferienwohnungen wird der Strompreis zusätzlich zum Mietpreis erhoben, entweder bei Endabrechnung oder durch einen eigenen Zähler. In letzterem Fall kauft man während des Aufenthaltes eine sogenannte Stromkarte an der Tankstelle für 20, 50 oder 100 Naf, gibt dann die 20stellige Nummer des Kassenbons in den Zähler ein und hat wieder für einige Zeit Strom. Die Klimaanlage, die den meisten Strom verbraucht, sollte man nur sparsam einsetzten, wenn man nicht ständig zur Tankstelle fahren will.

Einkaufen siehe Souvenirs

Essen und Trinken (für Selbstversorger)
Auf *Curaçao* gibt es zahlreiche Supermärkte. Die meisten sind auf den ersten Blick nicht als solche zu erkennen, zumal auch die bei uns üblichen vor dem Markt geparkten Einkaufswagen fehlen. Diese fahrbaren Körbe findet man erst hinter dem Drehkreuz innerhalb des Marktes. Wer dann allerdings gut gelaunt mit dem beladenen Wägelchen durch die Kassensperre gehen möchte, um seine Einkäufe auf das Laufband zu legen, wird sehr schnell feststellen, dass der Wagen zu groß ist … oder der Durchgang zu schmal. Da hilft auch kein Schieben und Drücken. Was tun? Alles schnell aufs Band packen und zahlen, denn am Ende der Kasse wartet (fast) immer ein junger Mann, der – egal was man gerade erworben hat, nicht nur alles auf einen Wagen schichtet, sondern diesen auch bis zum geparkten Auto fährt und ein kleines Trinkgeld erhofft. Wer auf diesen „Service“ keinen Wert legt, sollte sich mit Tüten und / oder Kartons bewaffnen und schneller packen können als die „Boys“.

Achtung: Die Preise an den Waren sind ohne Steuer ausgeschildert. An der Kasse werden nochmals 5% hinzugerechnet.

Das Lebensmittelangebot auf *Curaçao* ist umfassend und ausreichend, auch wenn nicht alles so schmeckt, wie gewohnt, aber man ist schließlich im Ausland. Die Waren kommen überwiegend aus Europa, Amerika und Südamerika. Die Preise für Lebensmittel in den Supermärkten entsprechen in etwa denen in Deutschland. Nach unserem Gefühl ist allerdings vieles wesentlich teurer(zum Beispiel Getränke, auch Milch), einiges allerdings auch preiswerter wie alle Arten von Fleisch). Wir fanden es etwas schwierig, einen direkten Preisvergleich herzustellen. Es gibt zwar fast alle Produkte zu kaufen, die man als Selbstversorger so braucht, aber sie haben andere, meist unbekannte Markennamen und vor allem

oben: Playa Santa Cruz
unten: Daaibooibaai

andere Verpackungsgrößen. Berücksichtigen muss man bei den höheren Preisen, dass nahezu alles, was auf *Curaçao* gegessen und getrunken wird, importiert werden muss. Nicht nur wir haben uns gewundert, warum in dieser warmen, frostfreien Region auf den vielen brachliegenden Flächen kein Obst oder Gemüse angebaut wird und stattdessen in - für unseren Geschmack teilweise schlechter Qualität - eingeführt wird. Aber wir ließen uns belehren. *Curaçao* ist einfach viel zu trocken, trotz der heftigen Niederschläge in der Regenzeit. Durch den ständigen Wind hält sich keine Humusschicht auf den Böden. In grauer Vorzeit soll *Curaçao* ein fruchtbares Land gewesen sein mit üppigem Baumbestand. Aber das Holz wurde für den Schiffbau radikal gerodet und die Insel trocknete aus. Schöne runde und rote Tomaten sucht man meist vergeblich, stattdessen sind sie länglich, rotgelb, stammen in der Regel aus dem nahe gelegenen Venezuela und sind nicht besonders aromatisch. Auch die Kartoffeln, die es in den Supermärkten zu kaufen gibt, sind von gewöhnungsbedürftiger Konsistenz ..., sie zerfallen beim Kochen, egal, welche Sorte man gewählt hat, einzeln verpackt oder im großen Sack. Daraus einen Kartoffelsalat oder Bratkartoffeln herzustellen, bedarf schon einigen Geschicks. Aber wer braucht solche Gerichte unter karibischer Sonne! Bei diesen Temperaturen könnte man sich doch auch mit viel frischem Obst oder Salat ernähren, aber das <u>Obst und Gemüse</u>, was angeboten wird, ist oftmals überreif und zudem nicht gerade billig. Vielleicht variieren jedoch Qualität und Preise je nach Jahreszeit. Möglicherweise gibt es im Frühjahr und Sommer frischeres Obst und Gemüse. Erschrocken waren wir zunächst von den in den Märkten massenhaft aufgetürmten Bananen, die bereits einen derartigen Reifegrad erreicht hatten, dass sie bei uns sofort in der Biotonne gelandet wären. Erst später erfuhren wir, dass es sich dabei um Kochbananen handelte, die erst in diesem Zustand zu einem schmackhaften Gericht verarbeitet werden können.

<u>Fleisch</u> wird in allen Variationen angeboten und hat eine gute Qualität. Wer möchte und ein gutes Rezept kennt, kann auch Hühnerfüße kaufen. Vorsicht ist bei Rindfleisch geboten. Auch nach

einem vierstündigen Garvorgang kaut man, wenn man Pech hat, immer noch wie auf einer Schuhsohle. Auf einer Insel mitten in der Karibik könnte man ein großes Angebot an frischem Fisch oder Meeresfrüchten erwarten. Wirklich **frischen** Fisch (Thunfisch oder Barrakuda) bekommt man aber nur, wenn überhaupt, direkt von den Fischern in der *Playa Lagun* oder *Playa Forti.* Der *New Market* in *Punda* bietet in den Vormittagsstunden Fisch an, der dann allerdings schon einige Zeit auf Eis gelegen hat. Tiefgekühlt sind viele Fischsorten vorrätig. Da wir keine ausgesprochenen Fischliebhaber sind, haben wir diese Angebote nicht ausprobiert und uns mit schmackhaften Riesengarnelen „zufriedengegeben".

Ähnlich wie in Holland gibt es auf *Curaçao* nur weiche Brötchen oder Toastbrot. Aber auch daran gewöhnt man sich und letztlich schmeckt es gar nicht so schlecht. Die Kuchenauswahl ist groß und so bunt wie die Häuser auf *Curaçao.*

Wasser mit Kohlensäure haben wir auf *Curaçao* in keinem Geschäft gefunden und zunächst das „stille Wasser" gekauft. Später haben wir einfach nur den Wasserhahn aufgedreht, wenn wir Durst verspürten, denn das Trinkwasser, das auf der Insel aus einer Meerwasserentsalzungsanlage gewonnen wird, ist sehr schmackhaft, nicht gesundheitsschädlich und kann bedenkenlos getrunken werden . Wir haben die gefüllten Wasserflaschen immer noch für kurze Zeit ins Tiefkühlfach gelegt. Das tötet auch die letzten Keime ab. Die weniger gesunden Genussmittel wie Zigaretten und hochprozentigen Alkohol kann man ebenfalls im Supermarkt erwerben, allerdings an separaten Tresen und Kassen.

Wir kauften meistens im Supermarkt *Centrum Piscadera* ein (*Weg Naar Westpunt,* Richtung Flughafen, an der Kreuzung: *Weg Naar Bullenbaai* links abbiegen. Nach ca zwanzig Metern befindet sich der Supermarkt auf der linken Seite). Oder bei *Albert Hein* einem Supermarkt, in dem sich die Niederländer wie zu Hause fühlen dürften. Die Preise sind (noch) etwas höher als in den anderen Märkten, aber die Waren scheinen überwiegend holländischer Herkunft zu sein. Nur hier gibt es Bier in 500ml Dosen und nur hier kann man den Einkaufswagen eigenhändig bis zum Auto fahren. Albert Hein ist allerdings schwer zu finden. Der große Markt liegt im östlichen Teil von *Willemstad,* im Gewerbegebiet nahe der Ringstraße. Am bestens ist es, wenn man in *Zeelandia,* von *Otrabanda* kommend, nach links abbiegt. Falls das nicht möglich ist, muss man irgendwo wenden, was schwierig ist, und es dann mit dem Rechtsabbiegen versuchen und notfalls einfach fragen. Albert Hein ist ein Begriff.

Für den kurzen Einkauf eignen sich auch die kleineren Supermärkte, in denen vorwiegend schwarze Einheimische anzutreffen sind. Man entdeckt diese Märkte erst auf den zweiten oder dritten Blick. Das Warenangebot ist begrenzter, es wirkt nicht alles so „aufgeräumt", aber wir haben gern dort gekauft.

Feiertage

Das größte Fest auf *Curaçao* ist unumstritten der Karneval, der variabel von Ende Januar bis Mitte März eines jeden Jahres stattfindet. In dieser Zeit scheint die Insel kopfzustehen. Auftritte von Tanz- und Musikgruppen sind an der Tagesordnung. Kunterbunt gekleidete und geschmückte Karnevalisten präsentieren ihr Programm, und ein paar Meter weiter dampft es aus großen Kochtöpfen, in denen undefinierbare Speisen vor sich hin brodeln. Der ohrenbetäubende Lärm aus den Musikboxen gehört offenbar dazu. Leider haben wir lediglich die „Vorboten" dieses Ereignisses miterlebt, die allein reichten aus, um die Vorfreude der Bevölkerung auf dieses „Volksfest" nachvollziehen zu können.

Neben Ostern, Weihnachten und dem Geburtstag der Königin (von Holland) am 30. April, stellt die Silvesterfeier den zweitgrößten Höhepunkt des Jahres dar. Wie aus dem Nichts entstehen plötzlich provisorische Verkaufsstände an den Straßen, die pyrotechnische Erzeugnisse anbieten. Silvester beginnt auf *Curaçao* Anfang Dezember. Jeden Tag wird es ein wenig lauter und heller am Himmel. Sobald am 31. Dezember die Sonne untergegangen ist, beginnt ein Feuerwerk, wie wir es vielleicht aus Deutschland kennen, wenn die Uhr Mitternacht geschlagen hat. Wenn sich auf *Curaçao* das Jahr tatsächlich zu Ende neigt, könnte man glauben, dass alles Pulver schon verschossen ist. Aber weit gefehlt. Ab zwölf Uhr nachts scheint die Insel zu wackeln oder in zwei Teile zu zerbersten. Auf den Straßen knattern wie Maschinengewehre bis zu dreißig Meter lange Ketten, die später als roter Staubteppich zurückbleiben. Der Himmel wird bis zum Horizont von einem gigantischen Feuerwerk erhellt, das bis weit in den Morgen andauert. Vor lauter Schönheit dieses Spektakels weiß man nicht, wohin man zuerst schauen soll. Hin und wieder krachen einzelne Kanonenschläge in unmittelbarer Nähe. Leider explodiert dabei auch der eine oder andere Briefkasten (eine Unsitte, die auch in Deutschland um sich greift). Rauchschwaden wabern durch die Straßen wie Bodennebel und der Schwefelgeruch setzt sich in der Kleidung ab. Auch in den nächsten Tagen des neuen Jahres kehrt noch keine Ruhe ein ... bis dann wirklich auch der letzte Blindgänger in die Luft geflogen ist.

Erst viel später fiel uns auf, was in dieser Nacht gefehlt hatte:
Nicht ein einziger Hund hatte gebellt.

Fernsehen

Je nach Größe der Satellitenschüssel können auf *Curaçao* bis zu neunzig Fernsehprogramme empfangen werden, unter anderem die Deutsche Welle, die täglich gegen 19.00 Uhr für ca dreißig Minuten ein deutschsprachiges Programm ausstrahlt mit so „interessanten“ Sendungen wie Johannes B. Kerner oder Sandra Maischberger oder Ähnlichem. Nachrichten sind in fünf Minuten abgehandelt, von Deutschland erfährt man im Grunde nichts. Vielleicht ist es ja auch gut so ... im Urlaub. Andere deutschsprachige Sender sind nicht zu empfangen, auch nicht mit einem guten, tragbaren Weltempfänger für Radioprogramme.

In Anbetracht der langen Zeit (zwei Monate), die wir auf *Curaçao* verbringen wollten, nahmen wir einen DVD-Player und reichlich Filmmaterial mit auf die Insel, haben aber so gut wie keinen Gebrauch davon gemacht. Die lauen Abende auf der Terrasse nach der Hitze mit Kartenspielen oder Rummi-Cup zu verbringen war die bessere Alternative zum Fernsehen.

Flughafen, Fluggesellschaften siehe Anreise

Führerschein
Um einen Leihwagen mieten zu können, ist ein seit mindestens zwei Jahren gültiger Führerschein erforderlich.

Gastronomie
In *Otrabanda* und Punda (*Willemstad*) locken die am Wasser gelegenen Restaurants mit großen Terrassen (und entsprechenden Preisen) die Touristen, vor allem die, die für wenige Stunden „Urlaub" vom Kreuzfahrtschiff haben. Je weiter man sich von diesem Touristenzentrum entfernt, desto preiswerter werden die Speisen und Getränke und man kann zwischen kreolischer, niederländischer, chinesischer, mexikanischer, japanischer, indischer, indonesischer oder auch surinamischer Küche wählen, als Imbiss zum Mitnehmen oder zum geruhsamen Verspeisen auf einer schattigen Terrasse. Die Speisekarten sind auf Niederländisch oder Papiamento verfasst. Manchmal findet sich eine englische Übersetzung, eine auf Deutsch ist uns nicht begegnet. Für diejenigen, denen alles schmeckt, ist das natürlich kein Risiko. Da sich die Preise der einheimischen Küche, die man am Straßenrand oder auch an Ständen in *Willemstad* in einem sehr niedrigen Niveau bewegen, ist auch ein Fehlgriff bei der ausgewählten Speise nicht so tragisch.

Jedem Touristen wird der Besuch des *Old Market in Punda* empfohlen, früher eine Markthalle, in denen jetzt Garküchen untergebracht sind, in denen es aus allen Töpfen undefinierbar duftet und auch so aussieht. Es gibt Ragouts von Ziege, Schwein, Hähnchen, Fisch und Rind, dazu die üblichen gekochten Bananen und Reis sowie Schweineschwanz und Rippchen. Außer am Wochenende kann man sich hier bis maximal 15.00 Uhr für wenig Geld den Bauch vollschlagen. Obwohl so bekannt - der *Old Market* wurde sogar in einer ZDF-Sendung erwähnt (5.1.2010: Traumziel Karibik) - ist er nicht so leicht zu finden Selbst Einheimische sind oft überfragt. Am besten lässt man sich den Weg zur großen Post zeigen. Von da aus sind es dann nur noch ein paar Meter.

Wer die Insel mit dem Auto erkundet, dem fallen am Straßenrand unweigerlich kleine barackenähnliche Gebäude mit vergitterten Fenstern auf. Wir haben sie „Trinkhallen“ getauft, weil hier überwiegend Getränke über bzw. durch das Gitter gereicht werden, alle Getränke, außer Kaffee. Wir sind kreuz und quer über die Insel gefahren, in keiner, der häufig von Chinesen oder Indern betriebenen „Trinkhallen“, konnten wir einen Kaffee oder Tee bekommen. Oft werden auch Speisen zum Mitnehmen angeboten, auf die die Einheimischen geduldig warten. Wir haben dort allerdings nie gegessen.

Je weiter man sich von *Willemstad in* Richtung Südosten entfernt, desto schlichter werden die Speiselokale, was aber nichts über die Qualität der Gerichte aussagt. Wenn viele Einheimische am Tisch sitzen, die lange und ausgiebig speisen, kann man unbesorgt in diesem Restaurant Platz nehmen und etwas zu Essen bestellen.

Wer auch im Urlaub nicht auf Fast Food verzichten kann, sei getröstet. Es gibt auf der Insel verstreut einige, nicht übersehbare Vertreter dieser „Schnellimbisse“.

Geld siehe Währung

Gesundheit s. a. Impfungen u. Mücken

Außer einer normalen Reiseapotheke (+Fieberthermometer) und ausreichend Sonnenschutzmittel sind keine besonderen Vorkehrungen nötig. Die meisten Medikamente sind aber auch auf *Curaçao* erhältlich, etwas preiswerter als in Deutschland. Allerdings ist es aufgrund von Verständigungsschwierigkeiten nicht immer leicht, auch das richtige Medikament zu bekommen.

Den Abschluss einer Auslandskrankenversicherung sollte man zuvor mit seiner Krankenkasse abklären.

Das **Dengue-Fieber** (Virusinfektion) ist eine Infektionskrankheit, die von bestimmten Stechmückenarten übertragen wird. Die Symptome sind oft unspezifisch oder einer schweren Grippe ähnlich. Gelegentlich treten auch innere Blutungen auf. Die Krankheit kann tödlich verlaufen. Bisher gibt es gegen diese Erkrankung weder eine Impfung noch eine spezifische antivirale Behandlung.

In den USA und Lateinamerika wurden Mitte des letzten Jahrhunderts Kampagnen zur weitgehenden Ausrottung der Überträgermücken des Dengue-Fiebers und ihrer Brutstätten durchgeführt. Bis auf einigen der karibischen Inseln konnte das Fieber praktisch ausgerottet werden. Dieses Programm endete jedoch 1970, und die Mücken haben Lateinamerika, große Teile von Südamerika und die Karibik zurückerobert.

Während der Regenzeit (Mückenzeit) besteht daher die Möglichkeit, an Dengue-Fieber zu erkranken. Das Virus wird durch Stiche der Mückenarten Aedes aegypti und Aedes albopticus übertragen. Der Erreger ist ein sogenannter Flavirus (wie bei Gelbfieber und Hepatitis C).Es gibt vier Subtypen der Dengue-Fieber-Viren, die während einer Epidemie auch gleichzeitig vorkommen können.

Symptome wie hohes Fieber bis zu 40 Grad Celsius, schwere Erschöpfung, Kopfschmerzen, Gliederschmerzen, Gelenk- und Muskelschmerzen treten etwa 3 bis 14 Tage nach der Infektion auf. Hinzukommen können ein Hautausschlag an den Gliedern und ein roter oder blass-rosa Ausschlag im Gesicht. In der ersten Woche nach der Infizierung leiden einige Betroffene an Schwindel, Übelkeit oder auch Halsschmerzen, Husten und Schnupfen. Nach zwei bis vier Tagen tritt eine etwa eintägige fieberfreie Zeit auf. Danach erfolgt ein zweiter, rascher Temperaturanstieg, der jedoch nicht so hoch ist wie der erste. Gleichzeitig wird ein feinfleckiger Hautausschlag sichtbar, der sich am gesamten Körper ausbreitet und meist nur das Gesicht verschont. Nach etwa zwei Wochen heilt das Dengue-Fieber fast vollständig aus. Nach einer durchlebten Dengue - Infektion ist man nur gegen das Virus des jeweiligen Suptypus immun. Man könnte im Prinzip noch drei weitere Male erkranken, wobei die Krankheit mit einem anderen Subtyp oft schwerer verläuft als bei einer Erstinfektion. Behandelt werden können nur die Beschwerden. Bei schmerzstillenden und fiebersenkenden Mitteln sollte auf Acetylsalicylsäure (wie Aspirin) unbedingt verzichtet werden, da diese zu einer verringerten Blutgerinnung führen. Strenge Bettruhe sollte während der akuten Krankheitsphase unbedingt eingehalten werden, u.U. ist ein stationärer Krankenhausaufenthalt notwenig.

Während unseres Aufenthaltes auf der Insel trat eine „kleine“ Dengue-Fieber Epidemie auf. Das sei völlig normal auf *Curaçao* und nicht besorgniserregend, sagte uns ein einheimischer Arzt, den wir befragten, und käme regelmäßig jedes Jahr vor. Die Krankheit verlaufe in der Regel sehr harmlos, Todesfälle gäbe es so gut wie nie. Die Beschwerden könne man am besten mit Paracetamol behandeln. Die einzige Vorbeugung sei, sich gegen die Mücken zu schützen. (Ein Arzthelfer wollte uns einen Bärenaufbinden und erklärte uns, *diese* Mücken hätten weiße Flügel!)

Hotels +Ferienwohnungen (Apartments)

Man findet inzwischen mehr als vierzig Hotels auf *Curaçao,* einige sind auch über deutsche Reiseunternehmen zu buchen, und es wird weiter gebaut. Es gibt kaum noch einen Winkel der Insel, in dem nicht mindestens ein Hotel steht. Etliche große Hotels reihen sich an der weniger schönen Küste im Südosten der Insel. Hier fehlen die schönen, romantischen Buchten und der Strand wirkt künstlich aufgeschüttet. Einige dieser Hotelstrände sind durch bis ins Meer reichende Steinwälle abgetrennt, die einen Buchtcharakter vermitteln sollen. Hier bleiben die Touristen unter sich. Für die Einheimischen bleibt auf diesem Teil der Insel rechts und links dieser Mauern oft nur noch ein schmaler Streifen Sandstrand! Wir empfanden es recht beschämend, die schwarze Bevölkerung dicht gedrängt im Wasser und auch am Land zu sehen, während es sich hinter den Mauern die Touristen auf ihren Strandliegen bequem machten. Tröstlich ist vielleicht, dass das Geld, das die Touristen ins Land bringen, Arbeitsplätze schafft und der Bevölkerung zugute kommt.

Mit Ausnahme des *Hilton Curacao Resorts* im westlichen *Willemstad*, einem hässlichen großen Gebäude, das demnächst abgerissen werden soll, machen die übrigen Hotels optisch einen guten

Eindruck. Einige sind jedoch wieder geschlossen und/oder werden unter anderem Namen neu eröffnet. Ein hübsches Stadthotel ist das *Kura Hulanda Spa und Casino.* Es liegt mitten im schönen, alten Stadtkern von *Otrabanda.* Von dort sind es nur noch wenige Meter bis zur Schwenkbrücke *Queen Emma.*

Wer es sehr viel ruhiger liebt, ist mit dem *Marazul Dive Resort* nahe *Westpunt* gut beraten. Diese neue Apartmentanlage hat den Charme einer Seniorenresidenz. Kein Geräusch, das stören könnte. Auf sauberem Kies wandelt man durch die gepflegte, sorgsam bepflanzte Anlage mit Sonnenliegen und Grillplatz, ohne kaum jemandem zu begegnen. Hübsche weiße doppelstöckige Häuschen, in denen sich in weißblau gehaltene Apartments verbergen, verteilen sich über ein großzügiges Areal nahe den Klippen. Das Meer ist nur über eine steile, schmale Treppe erreichbar, die vermutlich nur für **Taucher** und eventuell Schnorchler angelegt wurde, denn unten angekommen findet man keinen Strand. Der Blick von oben über die Klippen auf das tief liegende dunkelblaue Wasser ist wirklich gigantisch, eigentlich der schönste auf ganz *Curaçao.* Jeder gestresste Großstädter würde sich wahrscheinlich sofort hier niederlassen. Aber von hier aus hat man einen weiten Weg per Auto zum nächsten Supermarkt und es gibt kaum Restaurants in der unmittelbaren Nähe. Der nächste Strand ist die *Playa Kalki.*

Unmittelbar an dieser Bucht kann man sich in den *Lodge Kura Hulanda & Beach – Club* einmieten. Hier wird sicher nicht ohne Grund „All inklusive“ angeboten. Es ist jedoch auch möglich, nur das Zimmer zu buchen und sich selbst zu verpflegen. Bis zum nächsten Supermarkt ist man 15 Kilometer unterwegs. Der Flughafen liegt rd. 30 Kilometer entfernt, nach *Willemstad* fährt man ca 33 Kilometer. Hotels auf *Curaçao* sind in allen Preisklassen zu buchen, vom eher einfachen Mittelklassehotel, wie dem *Limestone Holiday Resort* am *Spanish Water* oder einer Fünfsterne Unterkunft wie dem *Baoase Luxery Resort,* in dem keine Wünsche offenbleiben (11,2 Kilometer vom Flughafen und 3 Kilometer von der historischen Altstadt *Punda* entfernt).

Preisbeispiele (März 2010)
Kura-Hulanda-Hotel *(Willemstad)*
7 Tage im Doppelzimmer mit Frühstück. ab 625 € (eig. Anreise)
7 Tage im Dz (Superior) m. Halbpension ab 1672€ (Pauschalreise)
Limestone Holiday Resort (*Spanish Water*)
1 Übernachtung im Doppelzimmer ohne Verpflegung ab 60€
Baoase Luxery Resort (östlich von *Willemstad*)
7 Tage Übernachtung o.Frü. Suite Meers. ab 2928€ (eig. Anreise)
Lions Dive & Beach Resort (*Seaquarium Beach)*
7 Tage im Doppelzimmer o.Frühstück ab 434 € (eigene Anreise)
7 Tage im DZ. mit Halbpension ab 1456 € (Pauschalreise)
Lodge Kura Hulanda Beach Club (*Westpunt)*
7 Tage DZ mit Gartenblick (ohne Verpfl.) ab 779€ (eigene Anreise)
7 Tage Studio Meerseite (o. Verpfl.) ab 1254€ (eigene Anreise)
7 Tage Suite Meerseite (ohne Verpfl.) ab 1576€ (eigene Anreise)
Aufschlag für All inklusive: 107€ p.P. und Tag

In zunehmendem Maße werden immer neue Ferienwohnungen oder Ferienhäuser auf *Curaçao* gebaut. Die größte Ansammlung gibt es rund um die *Jan Thiel Baai.* Dort entsteht inzwischen eine regelrechte Feriensiedlung. Andere Apartments wie z. B. in *Curacol,* nahe der *Boca Sami, Vairsenbaai* und *Blauvbaai* liegen in gemischten Wohngebieten, d.h.. es gibt sowohl Apartments für Urlaubsgäste als auch Häuser, in denen Einheimische leben. Apartments sind auf *Curaçao* ab 40€ pro Tag mietbar.

Wer engeren Kontakt zu deutschen Auswanderern sucht, sollte sich für die nachstehenden Angebote interessieren.

Marber Apartments

(etwas abseits gelegene Anlage, westlich *von Willemstad,* 5 -7 Auto-Minuten zu den Stränden: *Daaibooibaai, Porto Marie, Cas Abou).*

40 bis 60€ zahlt man für ein bzw. zwei Schlafzimmer. Eine etwas urwüchsige, aber gepflegte Anlage. Tauchkurse und Tauchausrüs-

tung können bei Bedarf von den Vermietern organisiert werden. Der Transfer vom und zum Flughafen ist kostenlos.

Tel.: 0 05999/8641277)

Kashimiri-Apartments

(*Curacol, St. Michiel* westl. von *Willemstad,* 5 Auto-Minuten zu den Stränden *Vairsenbaai, Boca Sami* und *Blauwbaai)*
55 – 75 € (kleines und großes Apartment).Auf einer kleinen Anhöhe gelegene hübsche Anlage mit tropischem Garten und kleinem Swimmingpool in einem Wohn/Apartmentviertel mit familiärer Atmosphäre).Tauchkurse werden gern vermittelt (die Vermieter tauchen selbst).Nachts können bellende Hunde die Nachtruhe stören. Bei ungünstigen Windverhältnissen riecht man manchmal die Abgase der Ölraffinerie.

Tel.: 005999/8880409

Bed&Breakfast

(interessant für Auswanderungswillige)
Die Apartments liegen im Stadtteil *Santa Rosa* in einem Wohnviertel im östlichen Willemstad. Zum nächsten Strand sind es 5-8 Autominuten. Familienanschluss wird ebenso angeboten wie eine Inselrundfahrt, die aber kostenpflichtig ist. Zum Service die Planungen für Tauchgänge wie der kostenlose Flughafentransfer.
1 Übernachtung mit Frühstück 55€ für 2 Personen

Tel.: 02423 / 9051110

Weitere Preisbeispiele für Apartments

Luxus Apartment Resort Seru Hulanda

Komfortable Ferienwohnungen in Apartmenthäusern. Die *Jan Thielbaa*i ist in 10 Autominuten erreichbar.
Nebensaison (1.3.-30.6. u.1.9.-30.11.) 89€ p.Ü. Mindestmietdauer eine Woche.
Hochsaison (1.7.-31.8. u.1.12.-28.2.) 115€ p.Ü. Mindestmietdauer zwei Wochen.

Ferienwohnungen in den Touristenzentren Spanish *Water* oder der *Jan Thiel Bay* sind ab 75€ p.Ü. zu haben.

Hunde

Hunde liegen auf *Curaçao* nicht nur totgefahren auf oder neben der Straße, sie streunen auch als abgemagerte bedauernswerte Kreaturen durch die Vororte und betteln nach Futter. Hunde werden aber auch als „Wachpersonal" eingesetzt, um Haus und Hof zu schützen. Das kann, wenn man nicht gerade in einem Hotel wohnt, zur echten Lärmbelästigung führen, vor allem in den Nachtstunden. Sobald nur ein Hund seine Stimme erhebt, fallen alle anderen mit ein, und das sind pro Grundstück fast immer drei. Wie ein Lauffeuer breitet sich das Gebell aus und ebbt oft stundenlang nicht ab. Irgendein Hund hat immer etwas zu vermelden. Selbst geschlossene Fenster helfen nicht immer, allenfalls Ohrstöpsel, wenn man sie verträgt. Auch Vermieter von privaten Ferienhäusern oder -wohnungen halten fast immer Hunde und fast immer große. Wer Angst vor Hunden hat, sollte vor der Buchung danach fragen.

Hurrikans

Curaçao liegt außerhalb des Hurrikangürtels. Angeblich dreht sich dort die Erde zu langsam, um einen Hurrikan entstehen zu lassen. Dennoch wurde die Insel im Oktober 2008 von den Ausläufern des Hurrikans „Omar" heftig getroffen. Am 13.10.08 braute sich der Tropensturm über *Curaçao* zusammen und entlud sich an den nächsten beiden Tagen. Sintflutartiger Regen ergoss sich über die Insel, Dächer wurden abgedeckt und Wellen bis zu vier Metern Höhe prallten an die Küsten. Fischerboote, die nicht rechtzeitig in Sicherheit gebracht worden waren, zerschellten am Ufer. Die meisten Strände waren nach diesem Sturm nicht wiederzuerkennen. Die heftigen Regengüsse spülten viel Sand und Erde ins Meer. Welche Schäden unter Wasser angerichtet wurden, vermögen wohl nur die Taucher zu sagen. Als wir sechs Wochen nach diesem Unwetter auf die Insel kamen, haben wir die Auswirkungen noch gesehen. Das Meer war trüb vom aufgewirbelten Sand, die meisten Fische hatten sich offensichtlich in sichere Gefilde geflüchtet und die Strände waren übersäht von zerborstenen Korallen.

Impfungen

Für die Einreise nach *Curaçao* sind keine Impfungen vorgeschrieben.

Obwohl *Curaçao* als eine tropische Region gilt, treten keine tropischen Krankheiten auf … mit Ausnahme des Dengue-Fiebers **/siehe dazu Gesundheit)**

Internetcafés

Wie nicht anders zu erwarten, braucht man auch auf *Curaçao* nicht auf das Internet zu verzichten. Als Beispiel seien hier vier Internetcafés in *Punda* genannt:

* Big Daddy Internet Café, Middenstraat 1 A
* Swift Internet Café, Blok Steg 6
* Pleincafé Wilhelmina, Wilhelmina Plein 25
* Wireless Internet Café, Hanchi Smoa 4

Wir haben keines der Internet Cafés in Anspruch genommen, da uns unsere Vermieter freundlicherweise ihr Laptop zur Verfügung gestellt haben. Die Nutzung war allerdings nur im Freien von Erfolg gekrönt, wenn überhaupt. Da uns das Apartment mit W-Lan Anschluss angeboten worden war, hatten wir zwar unser eigenes Laptop (Windows XP) mitgenommen. Das funktionierte aber überhaupt nicht (keine Verbindung ins Internet möglich), obwohl sich auch ein Computerexperte daran versuchte. Einige Hotels bieten W-Lan Anschluss an. Ob dort die Verbindungen hergestellt werden können, vermögen wir nicht zu beurteilen. Wer nicht regelmäßig auf das Internet angewiesen ist, sollte seinen tragbaren Computer besser zu Hause lassen.

Klima und Wetter

Um es kurz zu machen, das Wetter auf *Curaçao* ist schön - wenn man unter schönem Wetter Sonnenschein und warme Temperaturen versteht – und das nahezu durchgängig zwölf Monate im Jahr.

Die Durchschnittstemperatur beträgt statistisch 27,5 Grad.

Badenixen

Es können durchaus zehn Grad mehr werden und die gefühlte Temperatur liegt – mindestens in den ersten Tagen des Aufenthaltes auf *Curaçao* - ohnehin höher. Es ist heiß, und wenn dann auch noch die leicht kühlenden Passatwinde ausfallen, was im August bis September durchaus vorkommen kann, stöhnen selbst die Einheimischen und die heimisch gewordenen Aus- bzw. Einwanderer unter der schwülen Hitze, die einem schon bei den kleinsten Anstrengungen den Schweiß aus den Poren treibt.

Auf eine nächtliche Abkühlung wie in manchen anderen tropischen Ländern hofft man vergebens, denn wenn die Sonne zwischen 18.15 Uhr und 19.00 Uhr langsam untergeht, sinken die Temperaturen maximal um fünf bis sechs Grad, nicht gerade eine angenehme Schlaftemperatur.

Die Regenzeit auf *Curaçao* fällt in den hiesigen Winter. Wir kamen – am 30. November - pünktlich zur Regenzeit auf der Insel an. Außer in der Regenzeit regnet es - wie der Name schon sagt- selten bis gar nicht auf *Curaçao,* dann aber umso heftiger. Um noch einmal die Statistik zu bemühen, sind es 510 mm jährlich.

Als wir am 30.11.2008 auf *Curaçao* eintrafen, hatte es im vergangenen Monat sehr viel geregnet und wir fanden eine optisch grüne Insel vor, was nach Auskunft der dort Lebenden für diese Jahreszeit eher ungewöhnlich gewesen sein soll. Schon zu Beginn unseres Aufenthaltes gingen fast jede Nacht ein paar kurze aber heftige Schauer nieder, aber tagsüber wurde es wieder strahlend schön und heiß. Zwei Wochen später erlebten wir auch tagsüber starke Wolkenbrüche, wenn auch nur partiell und auf wenige Quadratkilometer begrenzt. Diese Schauer zogen in wenigen Minuten vorbei und gaben wieder einen strahlend blauen Himmel frei. Aber wir hatten nun unweigerlich Regenzeit. Der Himmel bewölkte sich zunehmend und die Regengüsse häuften sich. Dabei blieb es immer noch warm. Ab Januar wurde es merklich kühler. Bei „nur noch“ 24 Grad fröstelten wir morgens auf der Terrasse. Einen komplett wolkenlosen Himmel gab es immer seltener und das Meer verlor immer öfter seine prachtvollen Farben.

Erst Ende Januar, kurz vor unserer Abreise, hatten wir zwei bis drei komplett graue trübe Tage, die schließlich in einem stundenlangen Gewitter gipfelten, wie wir es noch nie erlebt haben. Die ganze Insel schien zu beben und man hatte das Gefühl, als hätten sich sämtliche Himmelsschleusen auf einmal geöffnet. Wir hatten den Strand bereits wegen des einsetzenden Niederschlages verlassen und uns in ein Straßen-Café geflüchtet, als der sintflutartige Regen einsetzte. In wenigen Minuten verwandelte sich die viel befahrene Straße in einen reißenden Fluss. Der pechschwarze Gewitterhimmel wurde nur durch lange, grelle Blitze erhellt, auf die unmittelbar danach ein ohrenbetäubender Donner folgte. Selbst die Einheimischen blickten besorgt auf das ungewöhnliche Geschehen. Vielleicht dachten sie noch an den vergangenen Oktober 2008 zurück, wo Ausläufer des Hurrikans „Omar" die Insel gestreift und zum Teil schwere Verwüstungen angerichtet hatte.

Zwei Stunden später war zwar das Gewitter vorbei, nicht aber der Regen. Im Schneckentempo machten wir uns mit dem Leihwagen auf den Heimweg. Die Löcher in der Fahrbahn hatten sich mit Wasser gefüllt und waren nicht mehr erkennbar. Nur etwa hundert Meter von unserer Ferienwohnung entfernt hat es uns dann erwischt. Die Pfütze war zu tief, und der Druck des Wasser trotz Schrittgeschwindigkeit zu hoch. Ein Spoiler des Autos riss an und schleifte am Rad. Kulanterweise brauchten wir für diesen Schaden nicht aufkommen. Der Autovermieter stellte uns sogar noch ein Ersatzfahrzeug zur Verfügung, um unseren letzten Tag auf *Curaçao* verbringen zu können.

Kreuzfahrtschiffe

An den zwei Kajen von *Otrabanda* liegen fast täglich Kreuzfahrtsschiffe, selten nur eines, meistens drei bis fünf. Die Traumfahrtschiffsreisenden sind leicht zu erkennen: die Männer an ihren kalkweißen Beinen, die aus den kurzen Hosen hervorlugen, die Frauen an ihren schicken Sommerhüten. Von der Insel sehen die meisten dieser Reisenden nur wenig. Sie umkreisen ihre schwimmenden Hotels nur in einem kleinen Radius. Manche Kreuzfahrtfahrer nutzen die Zeit für eine Inselrundfahrt. Diese zum Teil gigantischen großen Dampfer bleiben nur wenige Stunden im Hafen. Wenn die Schiffssirene des Ozeanriesen zum dritten Mal ertönt, ist für alle Passagiere höchste Eile geboten, um noch an Bord zu kommen. Dann öffnet sich die „Königin Emma-Schwenk-Brücke", der Dampfer stößt dunkle Dampfwolken aus und zieht gemächlich von dannen. Der „Spuk" ist erst einmal wieder vorbei, bis zum nächsten Tag. Und während sich die Emma-Brücke wieder schließt, zählen die Geschäftsleute in *Otrabanda* und *Punda* das von den Touristen zurückgelassene Geld. Eine verlässliche und lukrative Einnahme.

Kriminalität siehe Sicherheit

Landhäuser

Die Landhäuser, ehemalige Wohnsitze der Plantagenbesitzer, entstanden im 18. und 19.Jahrhundert. Damals gab es fast hundert Plantagen auf *Curaçao,* meist auf einem Hügel erbaut. In den feudalen Landhausvillen lebten die Besitzer mit ihren Sklaven. Einige dieser Landhäuser haben die Zeit überdauert und wurden aufwendig renoviert, andere zerfallen zusehends oder sind völlig verschwunden.

Zu besichtigen ist u.a. das:

Landhaus Ascension (zwischen *Krakeel* und *Barber)*

Dieses Landhaus liegt auf einer malerischen Anhöhe inmitten grüner Hügel mit schönem Blick auf das Meer. Einheimische Künstler stellen dort an jedem ersten Sonntag im Monat ihre Werke aus und daneben gibt es jede Menge Kitsch und Krempel zu kaufen. Lokale Unterhaltungskünstler untermalen die Veranstaltung mit Livemusik, einer gewöhnungsbedürftigen Geräuschkulisse. Für das leibliche Wohl wird gesorgt, natürlich kostenpflichtig. Dieser „Tag der offenen Tür" ist ein beliebter Treffpunkt für deutsche Aus- bzw. Einwanderer, die dort ihre Erfahrungen austauschen.

Landwirtschaft

Außer auf der Aloe Vera Farm wird auf *Curaçao* keine nennenswerte Landwirtschaft oder Viehhaltung mehr betrieben. Auf der vor geraumer Zeit geschlossenen Farm in *Fuik*, am östlichen Ende der Insel wurden Maniok, Mangos, Bohnen, Melonen und Ananas angebaut.

Leihwagen

Um auf *Curaçao* ein Fahrzeug mieten zu können, muss ein seit zwei Jahren gültiger Führerschein vorhanden sein. Darüber hinaus darf man nicht jünger als 21 und angeblich nicht älter als 70 Jahre alt sein, um einen Mietwagen leihen zu können. Ob die Mietwagenvermieter diese Altersbegrenzungen so strikt einhalten oder gar einhalten müssen, entzieht sich leider unserer Kenntnis. Sicherheitshalber ist es daher ratsam, sich vor der Buchung der Reise nach den Vorschriften der Mietwagenverleiher zu erkundigen, entweder beim Reiseveranstalter oder bei dem jeweiligen Quartier, das man zu buchen gedenkt.

Einen Leihwagen sollte man möglichst schon von Deutschland aus mieten, die Anzahl der verfügbaren Fahrzeuge auf *Curaçao* ist begrenzt. Je nach Mietdauer ist der Preis verhandelbar, er hängt aber auch vom Dollarkurs ab. Leihwagen sind ab 15, 00€ (ca. 40 - 44 Naf) bis 55, 00€ (ca.148, 00 - 162,00 Naf) täglich zu mieten. Mit 23,00€ pro Tag sollte man aber immer rechnen, es sei denn, man mietet für zwei Monate, so wie wir. Allerdings darf man bei den preiswerteren Angeboten keine Luxusfahrzeuge erwarten. Es gibt keine Kilometerbegrenzung!

Die jeweiligen Gastgeber kennen in der Regel auch einen Autovermieter und vermitteln den Kontakt. Der Auto-Vermieter bringt den Wagen entweder zum Flughafen oder zur Ferienunterkunft und nimmt ihn dort auch wieder in Empfang. Einige Vermieter von neueren Fahrzeugen untersagen das Befahren von unbefestigten Straßen. Es werden auch Geländewagen mit Allradantrieb oder sogenannte Pick-ups angeboten, die mit den holprigen Nebenstraßen besser zurechtkommen. Diese Fahrzeuge kosten allerdings mehr als eine Limousine.

Vorsicht: Die Leihwagenvermieter bieten keine Autoversicherung an, weder Teil- noch Vollkasko und vereinbaren stattdessen eine Selbstbeteiligung des Kunden von 500, 00€. Die Selbstbeteiligung ist fällig, unabhängig davon, ob der Automieter den Schaden selbst verursacht hat. Uns wurde zum Beispiel auf einem durch hohe Zäune und drei Hunden abgesichertem Grundstück unserer Apartmentanlage nachts die Autobatterie gestohlen, für deren Ersatz und Einbau wir hafteten. Selbst wenn das Auto gestohlen worden wäre, hätten wir für den Schaden aufkommen müssen, wenn auch nur in Höhe unserer Selbstbeteiligung. Die Begründung für diese Mietverträge sind die hohen Versicherungsbeiträge, die der Autovermieter zu zahlen habe.

Bei einem Unfall sollte zunächst der Autovermieter informiert werden, der dann den „Road Service“ = Straßenhilfe (24 Stunden erreichbar) anruft und nur bei Personenschäden die Polizei verständigt. Unser Autovermieter warnte uns eindringlich davor, bei einem normalen Unfall, also reinen Blechschäden die Polizei zu rufen.

*** Road- Service: Tel.: 747-1333**

*** Pannenhilfe.: Tel.: 9247**

Da das eigene Handy nicht immer funktioniert, sollte man sich bei einem Unfall nicht scheuen, einen Einheimischen anzusprechen. Viele, wenn nicht die meisten Einwohner, besitzen ein Handy und sind gern behilflich.

Mücken (siehe auch Dengue-Fieber)

Diese lästigen Tierchen können nicht nur in Deutschland zum Problem werden, wenn sie einem die Nachtruhe rauben. Das Ammenmärchen, das gern erzählt wird, die Mücken auf *Curaçao* würden nur bei Tageslicht stechen, glaubt niemand mehr, der die erste Nacht ohne Fliegengitter vor den Fenstern und Mückenspray schlaflos hinter sich gebracht hat. Sobald die Sonne untergegangen ist, hilft nur noch das Mückenspray „OFF“, ist nicht ganz billig und oft ausverkauft. Zusätzlich sollte man sich lange Hosen und Strümpfe anziehen, sofern man sich abends im Freien aufhält, was angesichts der angenehmen warmen Temperaturen schwerfällt. Wo ein separater Schlafraum mit Fliegengitter zur Verfügung steht, sollte dieser mit der Klimaanlage auf 18 C heruntergekühlt und dann mit einem in jedem Supermarkt erhältlichen Insektenspray (weiße Sprayflasche mit blauem Deckel) komplett eingesprüht werden. Nach einer Stunde muss man den Raum kräftig lüften und sollte erst dann zu Bett gehen. Diese Methode klappt allerdings nicht immer. Manchmal überlebt eines dieser Tierchen, und eines reicht aus, zwei erwachsene Menschen um den Schlaf zu bringen.

Nachtleben

Wie in den meisten Feriengebieten wird auch auf *Curaçao* einiges für Nachtschwärmer angeboten. Es gibt zahlreiche Bars, Clubs, Jazzlokale, Diskotheken oder auch Salsa-Kurse. Bevor man einen geselligen Abend plant, sollte man sich zuvor vergewissern, dass diese Lokalitäten tatsächlich noch existieren. Manche schließen beinahe schneller, als sie eröffnen. Wer zum Abendvergnügen nicht zu Fuß, sondern mit dem Leihwagen unterwegs sein muss, sei gewarnt. Die Einheimischen, und wahrscheinlich nicht nur die, haben schon tagsüber keine Hemmungen, in alkoholisiertem Zustand ins Auto zu steigen, geschweige denn bei Dunkelheit.

Notrufnummern

* Road Service	**747 1333 (Straßenhilfe)**
* Pannendienst	**9247**
* Touristennotruf	**917**
* Polizei	**911**
* Feuerwehr	**911**
* Unfallrettung	**912**

Parken

Parken ist auf der Insel kein Problem. Nur im Zentrum von *Willemstad* kann es gelegentlich etwas länger dauern, einen Parkplatz zu finden. In *Otrabanda* gibt es mehrere große Parkplätze, für die weder ein Parkschein noch eine Parkscheibe erforderlich sind. In der Nähe des *Elisabeth-Krankenhauses* findet man einen bewachten, kostenpflichtigen Parkplatz. In *Punda* gestaltet sich die Suche nach einer Parklücke schon etwas schwieriger, ist aber auch irgendwann erfolgreich, notfalls nach zwei oder drei unfreiwilligen „Stadtrundfahrten". Es gibt auch hier einen kostenpflichtigen Parkplatz auf einer unbefestigten Freifläche, der ist aber fast immer so gut wie leer. Wer sich als geplagter Großstädter nicht auch noch im Urlaub dem Stress aussetzen will, einen Stellplatz für sein Auto zu finden, parkt besser in *Otrabanda* und erreicht *Punda* zu Fuß über die *Emma-Brücke* oder mit der kostenlosen Fähre, sollte die Schwimmbrücke gerade aufgeklappt sein.

Post

Eine große, unübersehbare Post findet man in *Punda /Willemstad* hinter dem *Floating Market,* vor dem *Old Market.* Da es dort aber so gut wie nie Briefmarken zu kaufen gibt, haben wir das Gebäude nur von außen gesehen. Obwohl fast überall, auch in Supermärkten, Ansichtspostkarten verkauft werden, sind Briefmarken auf *Curaçao* ein seltenes Gut. Lediglich ein kleiner Souvenirladen in *Punda,* nahe dem Open Air Restaurant mit Heiniken-Sonnenschirmen hat meistens welche vorrätig. Unweit davon, in einer schmalen Gasse, hängt vor dem kleinen *Postmuseum* tatsächlich auch ein Briefkasten, dem man seine Grüße an die Daheimgebliebenen anvertrauen kann. Unsere Ansichtskarten kamen auf jeden Fall vollständig und ziemlich schnell in Deutschland an, obwohl man uns zuvor geraten hatte, die Post lieber erst zu Hause aufzugeben, da sie sonst erst nach Monaten oder gar nicht ihren Zielort erreichen würden. In einigen Hotels sollen, wie wir hörten, ebenfalls Briefmarken erhältlich sein.

Rauchen

Rauchen ist in geschlossenen, klimatisierten Räumen nicht gestattet. In einigen Restaurants darf geraucht werden. Oft werden dort auch Nichtraucherräume angeboten. Unter freiem Himmel kann man bisher immer noch diesem Laster nachgehen.

Reisegepäck

Bisher ist es noch gestattet, bei KLM 20 kg Gepäck einzuchecken sowie 12 kg Handgepäck. Bei Martinair sind es analog 25 kg Gepäck plus 10 kg Handgepäck. Das Handgepäck (Bordcase) ist den gängigsten Maximalgrößen unterworfen. Zusätzlich ist bisher eine Handtasche, ein Fotoapparat oder ein kleines Laptop erlaubt. Aufgrund der zunehmend verschärfenden Sicherheitsbestimmungen sollte man sich vor Abreise noch einmal genauestens informieren.

Reisezeit

Curaçao ist ein Ganzjahresreiseziel, aber es gibt auch hier kleine Temperaturschwankungen und nicht immer gleich bleibendes Wetter. Von Juni bis Oktober ist es mit durchschnittlich 32 Grad Celsius (im Schatten) am heißesten. Nachts „kühlt" es auf lediglich 26 Grad ab. Der „Winter", den die Einheimischen *tempo die friu* nennen (die Zeit, in der es kalt ist) findet von Dezember bis Februar statt. Es werden Höchsttemperaturen von 29 Grad Celsius erreicht. (Wir hatten Ende Januar nur noch 24 Grad). Frühling oder Herbst sind auf *Curaçao* unbekannt. Es gibt daher in der Sprache der Einheimischen auch keine Bezeichnung für diese Jahreszeiten. Der Sommer geht also nahezu nahtlos in den Winter über.

Die Passatwinde, die über die Insel streichen, machen die schwülwarme Luft erträglich. Allerdings fallen sie manchmal während der heißesten Monate aus.

Einheimische, die es sich leisten können, bauen ihre Häuser auf höher gelegenen Grundstücken, da dort immer noch ein laues Lüftchen weht, wenn es weiter unten schon beinahe unerträglich stickig wird.

Die meisten Regentage sind im November und Dezember zu erwarten, rein statistisch. Während unseres Aufenthaltes regnete es im Januar aber wesentlich mehr als im Dezember.

Auch das Meer kühlt im „Winter“ ab. Während das Wasser im Dezember noch mit einer Badewannentemperatur mit 29 oder 30 Grad aufweisen kann, verursacht der „Kälteschock“ von nur noch 23 oder 24 Grad im Januar oder Februar schon eine leichte Gänsehaut.

Schulsystem

Kinder auf *Curaçao* sind bis zum 18.Lebensjahr schulpflichtig und tragen fast alle eine Schuluniform. Bei den Grundschülern (bis zum Abschluss der 4.Klasse) besteht diese aus einem hellen Poloshirt und im Farbton gehaltene karierte kurzen Hosen bzw. Faltenröckchen. Auf der Insel verkehren wochentags abenteuerlich anmutende Schulbusse, die man vielleicht aus amerikanischen Filmen kennt.

Ab der Mittelstufe, also der 5.Klasse, sind die Schulkinder nur noch an ihren einfarbigen Polo-Shirts in gelb, rot, blau, grün, weiß oder fliederfarben zu erkennen – der Rest der Kleidung ist frei wählbar. Bis 2008 fand der Grundschulunterricht wahlweise auf Papiamento oder Niederländisch statt, ab 2009 nur noch auf Niederländisch, was dem Wunsch des Großteils der Bevölkerung entsprechen soll. Ab der 5. Klasse wurde bisher ohnehin auf Niederländisch unterrichtet, weil auch die Abschlussprüfung die gleiche ist, wie in den Niederlanden. Es gibt keine Universität auf *Curaçao.* Wer studieren möchte, muss das in den Niederlanden oder im übrigen Ausland tun.

Sicherheit

Die Kriminalität auf *Curaçao* ist nicht stärker ausgeprägt, als in anderen Metropolen, vor allem dort, wo die ärmere Bevölkerung auf vermeintliche oder tatsächlich Reichere trifft, die unbelehrbar ihre Wertsachen offen zur Schau tragen. Nicht anders ist es auf *Curaçao.* Allerdings wird hier viel dafür getan, den Langfingern ihr Handwerk zu erschweren, denn nicht nur Juweliere, Banken, Tankstellen oder andere Geschäfte mit teuereren Produkten werden zusätzlich zu den vergitterten Fenstern und Alarmanlagen von

Sicherheitsbeamten bewacht, sondern auch Apotheken und einige Supermärkte. Selbst Restaurants und die kleinen „Trinkhallen", wie wir sie nannten, die überall an der Straße zu finden sind, haben auch während der Öffnungszeit vergitterte Fenster. Eigenheimbesitzer genießen nur Versicherungsschutz, wenn sie ihr Anwesen durch hohe Zäune und vergitterte Fenster und Türen sichern. Wer nicht in seinem eigenen Gefängnis leben möchte, muss sich Hunde anschaffen, die das Grundstück bewachen.

Sollte dennoch etwas passieren, gibt es eine:

<u>* Touristennotrufnummer: 917</u>

Wir haben uns während unseres Aufenthaltes auf *Curaçao* immer sicher gefühlt, haben natürlich auf unsere Sachen geachtet und keine goldenen Uhren oder Ringe getragen. Auch ist uns niemand zu nahe getreten oder hat uns bedroht. Im Gegenteil, uns sind die Einheimischen immer freundlich und hilfsbereit begegnet. Wenn uns trotzdem, eine Woche vor unserer Abreise die Autobatterie aus unserem Auto gestohlen wurde (siehe dazu auch Leihwagen), war das einfach nur Pech, wie es immer vorkommen kann.

Sklavenhandel siehe Kura Hulanda Museum

Souvenirs +Shopping

In den zahlreichen Souvenirläden auf *Curaçao* gibt es den üblichen Kitsch, die so genannten „Stehimwegs", zu kaufen, die an den Urlaub erinnern sollen und danach im Regal verstauben. Typisch für *Curaçao* sind allerdings nur der Curaçaolikör, den es in verschiedenen Abfüllungen gibt und einige Aloe-Vera Hautpflegeprodukte.

Wer durch die hübschen Gassen von *Punda* schlendert, entdeckt viele kleine Geschäfte, in denen es sich zu stöbern lohnt. Elektrogeräte, Handys, DVDs, CDs werden ebenso angeboten wie Lederwaren, bestickte Tischwäsche, europäische Bekleidung und Bademoden. Für gehobene Ansprüche und entsprechendem Geldbeutel kann man sich selbst oder die Daheimgebliebenen mit Schmuck, Uhren, Parfüm, Porzellan und Kristallwaren beschenken.

Kunsthandwerkliche Souvenirs findet man zum Beispiel bei:
* *Carribbean Handcraft* (*Jan Thiel Baai*)
* *Dutch Antilles Ceramics(Tera Kora)*

Natürlich fehlen auf *Curaçao* die Shoppingcenter nicht, die sich überwiegend in *Willemstad* und im östlichen Teil der Insel befinden. Es gibt etwa sechzehn dieser „Einkaufsmeilen“ auf der Insel. Ein hübsches, wenn auch kein typisches ist das *Riffort* in *Otrabanda,* am Ende der *Sint- Anna- Baai.* Hinter den gewaltigen Mauern, der 1828 erbauten ehemaligen Festung, in denen sich auch ein Hotel befindet, tut sich eine nette Einkaufszeile auf. In einem kleinen Laden kann der *Curaçao* Likör kostenlos „verkostet“ werden. Schattige Restaurants laden zum Verweilen ein, eines davon mit einem wunderschönen Blick auf das offene Meer.
Vor dem *Riffort* bieten fliegende Händler ihre Waren an, ein weiterer bunter Blickfang neben der *Königin* Emma-Brücke.
Weitere Shoppingcenter sind u.a.
* *Salina Galleries* (nahe dem Zentrum von *Willemstad*)
* *Promenade Shoppingcenter* (10 Autominuten von *der Piscadera Baai* und der *Jan Thiel Baai* entfernt).

Wer sich dem Konsumrausch nicht entziehen kann, sollte daran denken, dass jedes Kilogramm Übergepäck beim Rückflug richtig Geld kostet.

Im Prinzip gibt es auf *Curaçao* (fast) alles zu kaufen wie aus Europa gewohnt: Möbel, Elektrogeräte, Spielzeug, Büromaterial und Bücher (nicht in deutscher Sprache). Wir sind einen halben Tag über die Insel gefahren, um Terpentin zu kaufen (für Ölmalerei).In drei Baumärkten fragten wir vergeblich, im vierten wurden wir schließlich fündig.

Sportliche Aktivitäten
* Tauchen
* Schnorcheln

* Schwimmen
* Hochseefischen
* Jetski
* Tretboote
* Golf (2 Plätze, 9 +18 Loch, ein weiterer Platz ist im Bau))
* Wandern
* Segeln
* Kajak
* Mountainbike (bedingt, wegen schlechter Straßenverhältnisse).
* Tennis (6 Plätze, an Hotels angegliedert)
* Squash
* Surfen (nur an der *Playa Kanoa* für geübte Surfer))

Stadt-Inselplan

Obwohl *Curaçao* gerade einmal sechzig Kilometer lang und zwischen fünf und vierzehn Kilometern breit ist, kann ein Inselplan durchaus hilfreich sein. Die Beschilderung auf der Insel ist jedoch recht spärlich, und man nimmt die Schilder eigentlich erst wahr, wenn man sich bereits etwas auskennt. Das Fremdenverkehrsamt in *Punda,* es liegt etwas abgelegen, sowie ein Touristeninformationsstand direkt hinter der *Emma-Brücke* in *Punda* bieten kostenlose Karten an. Diese sind allerdings recht klein, für einen Überblick jedoch ausreichend. Detaillierte Karten bekommt man für 12 oder 13 Naf, wenn man weiß wo. Wir haben sie lediglich in dem Geschäft „Little Things“ gefunden, einem hübschen kleinen Lädchen an der Wasserpromenade in *Punda.*

Tankstellen

Über die Insel verteilt gibt es mehrere Tankstellen, die meisten sind im süd- östlichen Teil von *Willemstad.* In Richtung *Westpunt* wird das Angebot spärlicher. Wir haben lediglich in der Hauptverkehrsstraße: *Weg Naar Westpunt* getankt. Von *Willemstad* kommend liegt die Tankstelle vor dem letzten Kreisverkehr in Richtung Flughafen auf der rechten Seite. Die letzten Möglichkeiten,

den Tank zu füllen bestehen in *Tera Kora* oder spätestens in *Barber*.
Es gibt drei Sorten Benzin auf *Curaçao*: Regular, Normal und Super sowie Diesel. Die Autovermieter bestehen darauf, Super zu tanken. Ein Liter Super kostet zwischen 0,60 und 0,80 € (kleine Schwankungen nach unten oder oben möglich). Auf *Curaçao* wird erst gezahlt und dann getankt (keine schlechte Idee, könnte man in Deutschland auch einführen und dauert auch nicht länger). Man legt an einem Kassenschalter (vergittert wie in einem Hochsicherheitsgefängnis) den Betrag, für den man tanken möchte auf ein Drehtablett. Die Dame, die das Geld entgegennimmt, ist hinter der zusätzlichen Panzerglasscheibe kaum zu erkennen, geschweige denn zu hören. Nunmehr ist die Tanksäule „freigeschaltet" und es läuft exakt soviel Benzin in den Tank, wie man gezahlt hat. Will man volltanken, hinterlegt man an der Kasse einen größeren Geldbetrag und bekommt den eventuellen Rest zurück. Wochentags steht in der Regel ein Helfer bereit, der das Geld zur Kasse bringt, den Wagen betankt und ein kleines Trinkgeld nicht verschmäht.

Telefonieren

Die Vorwahl von Deutschland nach *Curaçao*: ist **005999!**.
Wesentlich preiswerter ist es, eine Billigvorwahl (vom Festnetz zu Festnetz ab 5 Ct pro Minute) zu wählen. Die Verständigung ist je nach Anbieter besser oder schlechter. Hier eine Empfehlung zu geben ist nicht sinnvoll, da sich die Tarife häufig ändern. Um von *Curaçao* nach Deutschland verhältnismäßig günstig telefonieren zu können, benötigt man eine Telefonkarte, die an Tankstellen, einigen Supermärkten und kleinen Ständen in *Willemstad / Otrabanda* verkauft werden. Je nachdem, von wo aus man telefonieren möchte (Hotel, Apartment oder Telefonzelle), gibt es unterschiedliche Telefonkarten. Die jeweiligen Gastgeber können nähere Auskünfte geben. Beim Kauf einer Telefonkarte sollte unbedingt darauf geachtet werden, dass diese für Deutschland gültig ist und nicht für die Niederlande. Deutsche Touristen, die auf der Insel rar sind, werden oft für Holländer gehalten.

Mit einem „normalen „Mobiltelefon“(Handy) eine Verbindung von *Curaçao* nach Deutschland zu bekommen ist schwierig, wenn nicht unmöglich, denn eigentlich funktionieren nur sogenannte „Triband Handys“, also Geräte, die – nicht nur die in Europa ausreichenden zwei, sondern drei Frequenzen vorhalten. Für diejenigen, die nicht ständig in der Welt unterwegs sind, lohnt sich die Anschaffung eines teuren Triband- oder Quadband- (4 Frequenzen) Mobiltelefones nicht.

Obwohl wir kein Triband-Handy besitzen, konnten wir mit unserem einfachen Handy dennoch einmal in Deutschland anrufen.

Auch für Handys gibt es Chips oder Telefonkarten, aber da wir unser Handy auf *Curaçao* nur dieses eine Mal benutzt haben, können wir hier keine Empfehlungen geben.

Taxis

Taxis findet man am Flughafen, in *Otrabanda, Punda* oder vor größeren Hotels. Zu erkennen sind sie am Taxischild auf dem Dach und einem „TX“ auf dem Nummernschild. Die Taxifahrer tragen ein Emblem an der Kleidung. Für alle Routen gibt es feste Tarife. Alle Taxiunternehmen erheben den gleichen Preis. Vor Fahrtantritt sollte man sich trotzdem mit dem Fahrer über den Preis verständigen, damit es später nicht zu Unstimmigkeiten kommt. Der Fahrpreis bezieht sich auf vier Personen inklusive Gepäck. Für jede weitere Person wird ein 25% tiger Aufschlag erhoben, ebenso für Fahrten zwischen 23.00 und 6.00 Uhr. Wenn man ein Taxi bestellt, muss man sich auf lange bis sehr lange Wartezeiten einstellen. Als wir einmal dringend ein Taxi benötigten, sagte unsere Gastgeberin, wir wären schneller zu Fuß am Ziel, als auf ein Taxi zu hoffen.

Preise (unverbindlich): vom Flughafen Hato nach:

*Lodge Kura Hulanda (Westpunt)	89,00Naf
**Otrabanda*(Willemstad)	44.50Naf
**Punda* Willemstad)	54.00Naf
* Jan Thiel	72,00Naf

Tourismus

Auf *Curaçao* gibt es (noch) keinen Massentourismus und keine Bettenburgen, obwohl im Jahr 2007 etwa doppelt so viele Touristen die Insel besuchten, wie Einheimische auf der Insel leben (geschätzt werden etwa 150.000). Gut ein Drittel der Touristen kommen aus den Niederlanden, was nicht verwunderlich ist, denn sie fliegen ja mehr oder weniger in heimisches Gefilde, haben keine Sprachprobleme und können die Speisekarten lesen. Viele besuchen auch ihre Verwandten, die entweder schon auf *Curaçao* geboren wurden oder hier her ausgewandert sind. Gut 20% der Touristen stammen aus dem benachbarten Venezuela (nur knapp 60 Kilometer entfernt), die gern ein paar Tage zum Einkaufen, Bummeln oder Schwimmen auf die Insel kommen. Amerikanische Urlauber sind mit 15,5 % vertreten. Nach der Finanzkrise ist die Tendenz abnehmend. Für viele Amerikaner sind die Niederländischen Antillen zu teuer geworden. Auf Aruba stehen bereits einige Hotels leer. In Deutschland ist das Urlaubsziel *Curaçao* bisher relativ unbekannt. Lediglich 1,3 % deutsche Touristen (5.516) wurden 2008 auf Curacao gezählt. Wir haben während unseres zweimonatigen Aufenthaltes 2008/2009 lediglich zehn deutsche Touristen gesehen, allerdings haben wir auch nicht in einem Hotel gewohnt.

Touristenbüro

Das Touristenbüro befindet sich in der Pietermaai 19 / *Punda.* (Tel.: 005999 /4348200).

Für kurze Auskünfte steht auch ein kleiner Informationsstand bereit (nicht zu übersehen, wenn man in *Punda* die Schwenkbrücke verlässt).

In Deutschland kann man sich an das Fremdenverkehrsamt *Curaçao* (Curaçao Tourist Board) wenden: Bayerstraße 16a, 80335 München, Tel.: 089/517030

Umweltschutz

Umweltschutz scheint auf *Curaçao* noch ein Fremdwort zu sein. Die Ölraffinerie pustet aus dicken Rohren ihren Dreck in die Luft, viele Kraftfahrzeuge stoßen schwarze Rußwolken aus ihren Auspuffrohren, Fäkalien werden ins Meer gekippt. Ausgedientes Mobiliar, Elektroschrott, Autobatterien Autowracks, Kühlschränke, Badewannen, Bauschutt usw. landet abgestellt am Straßenrand, natürlich dort, wo es keiner sofort sieht, an den unbefestigten Wegen in Richtung Nordküste. Mülltrennung findet nicht statt. Ob Gartenabfälle, Getränkedosen oder Flaschen, es landet alles in der gleichen Tonne. Von einem Pfand für Dosen oder Flaschen ist man noch weit entfernt, obwohl immerhin inzwischen darüber nachgedacht wird. Viele Insulaner bringen allerdings ihren Sperrmüll zur Mülldeponie. Mit vollgeladenen Pick-ups streben sie speziell am Wochenende der Deponie zu, wo der gesammelte, unsortierte Müll verbrannt wird.

Verkehr, Verkehrsregeln und Verkehrsmittel

Die Straßen auf *Curaçao* befinden sich in einem zum Teil katastrophalen Zustand, der sich während und nach der Regenzeit noch verschlechtert. Obwohl ständig daran geflickt wird, tun sich plötzlich badewannengroßen Löcher auf, und wenn man nicht aufpasst, ist schnell die Achse des Leihwagens gebrochen. Umleitungen wegen Straßenerneuerungen sind keine Seltenheit. Freilaufende Ziegen am Straßenrand können den Touristen irritieren. Nicht selten liegen totgefahrene Hunde auf oder neben der Straße. Manchmal schleicht auch ein Leguan über die Fahrbahn. Einige dieser Minidrachen schaffen es nicht rechtzeitig auf die andere Seite und enden elend und plattgefahren wie eine Briefmarke am Straßenrand.

Die Einheimischen fahren zügig, aber nicht aggressiv. Vorsicht ist dennoch geboten, denn nicht nur in den Abendstunden ist das Trinken von Alkohol am Steuer keine Seltenheit. Oft halten Autos an Kiosken (Trinkhallen) an, der Fahrer schnappt sich eine Flasche Bier, setzt sich munter wieder hinter das Steuerrad und setzt seine

Fahrt fort. Nach Sonnenuntergang hat sich bei vielen der Alkoholspiegel erhöht. Wir haben daher die Warnung ernst genommen, und sind bei Dunkelheit nicht mehr mit dem Leihwagen unterwegs gewesen.

Auf *Curaçao* herrscht – zum Glück – Rechtsverkehr. An Kreuzungen und im Kreisverkehr hat Rechts vor Links Vorfahrt, es sei denn, ein Verkehrszeichen sagt etwas anderes aus. An allen sogenannten T-Kreuzungen hat der durchgehende Verkehr Vorrang. In Wohngebieten und in der Stadt darf mit höchstens 45 Kmh gefahren werden, auf den vier Ringstraßen und auf Landstraßen zwischen 60 und 80 Kmh. Es gibt wohltuend wenig regulierende Verkehrsschilder auf *Curaçao,* was für deutsche Autofahrer zunächst verwirrend ist. Wer auf einer der wenigen großen Hauptstraßen gemütlich unterwegs ist, geht davon aus, Vorfahrt zu haben. Mit einem Seitenblick nimmt er zwar die Fahrzeuge wahr, die sich von rechts aus kleinen Nebenstraßen oder -wegen nähern, sieht aber keine Veranlassung, seine Geschwindigkeit zu reduzieren. Erst im allerletzten Moment schießen die Fahrzeuge aus den Seitenstraßen hervor und nehmen ihr Vorfahrtsrecht wahr, so als mache es ihnen Spaß, den fließenden Verkehr zu foppen. (Wir haben es später genauso gemacht, um nicht aufzufallen und hatten in Deutschland Mühe, uns diese Unsitte wieder abzugewöhnen). Wenn man die Insel kennen lernen möchte oder einfach nur zum Baden, Schnorcheln oder Tauchen fahren will, ist man auf *Curaçao* auf einen Leihwagen angewiesen. (Einige, wenige Hotels an der Süd-Ostküste haben zwar einen eigenen, künstlich angelegten Strand, aber der hat mit „Karibik“ kaum noch etwas zu tun).

Auf *Curaçao* verkehren zwar auch Linienbusse, allerdings nur auf wenigen Hauptstrecken, und die Fahrpläne sind wohl nur den Einheimischen bekannt.

Einen offiziellen Fahrradverleih haben wir auf *Curaçao* nicht gefunden, obwohl wir uns noch vor der Abreise in Deutschland fest vorgenommen hatten, auf der Insel ordentlich in die Pedale treten zu wollen. In den *Marber Apartments* (deutsche Vermieter) nahe der *Daaibooibaai* können Fahrräder ausgeliehen werden. Auch zwei Hotels sollen diesen Service kostenpflichtig anbieten.

Tatsächlich sind wir in den gesamten zwei Monaten auf der Insel lediglich einmal fünf Mountainbike- Fahrern begegnet. Selbst Kinder haben keine Fahrräder. Es gibt keine Fahrradwege, es ist viel zu heiß und auch ein bisschen gefährlich, um mit einem Zweirad unterwegs zu sein.

Verständigung

Mit den meisten Einheimischen kann man sich auf englisch verständigen, manchmal auch auf spanisch. Deutsch wird in der Regel nicht verstanden oder gesprochen.

Währung

Auf Curacao bezahlt man mit Naf – auch liebevoll „Nafels" genannt.

Der Naf = Niederländischer Antillen Florin) ist die offizielle Währung auf *Curaçao* und orientiert sich immer am Dollarkurs. Steigt oder sinkt der Dollarkurs spürt man es auf *Curaçao* zuerst an den Benzinpreisen. Während unseres zweimonatigen Aufenthaltes 2008 /2009 entsprach **1 US$ = 1,77** Naf. In Euro umgerechnet erhielten wir **für 1 Euro 2,95 Naf.**

Im März 2010 bekommt man

Für **1 Euro** nur noch rd. **2,50 Naf ,**

da der Dollarkurs im Verhältnis zum Euro gestiegen ist.

Beispiele Stand 1. März 2010

10 Naf	4,10 €
50 Naf	20,49 €
75 Naf	30,73 €
90 Naf	36,88 €
200 Naf	82,20 €

Diese Schwankungen können schon ins Gewicht fallen, wenn man dann vorab mit einem Leihwagenvermieter einen unverbindlichen

Vertrag abgeschlossen hat. Der Vermieter verlangt dann unter Umständen eine Zuzahlung.

Banknoten gibt es im Wert von 100, 50, 25 und 10 Naf , Münzen zu 5 und 1 Gulden zu 50,25,10,5 und 1 Cent.

US$ werden fast überall als Zahlungsmittel akzeptiert. An Geldautomaten werden je nach Wunsch in Nafs oder US$ ausgezahlt.

In einigen Hotels kann man inzwischen auch mit Euro bezahlen. Auch am Flughafen werden Euros entgegengenommen, kleineres Wechselgeld wird jedoch in Naf ausbezahlt. Der Naf ist keine konvertierbare Währung, das heißt, man kann ihn nicht in Deutschland oder Europa zurücktauschen. Eigentlich ist es auch verboten, Nafs in größeren Mengen auszuführen. Wer auf der sicheren Seite sein will, zahlt in den letzten Tagen vor der Heimreise mit US-Dollars. An den Geldautomaten kann man sowohl mit Euro (Maestro) Karte als auch der Visa-Karte Geld abholen. Für die Geldabhebung mit der Eurocard entstanden uns jedoch Gebühren von **4.80€.** Die Abhebung mit der Visacard war jedoch kostenlos (Hausbank befragen).Einige Supermärkte akzeptieren die Eurocard. Wir haben, wenn überhaupt, nur mit Visacard gezahlt. Gebühren entstanden dabei nicht.

Noch 2010 sollen *Curaçao* und *St. Maarten* eine Zentralbank sowie eine neue Währung erhaltenen, deren Name noch nicht feststeht.

Zeitungen

Deutschsprachige Zeitungen sind auf *Curaçao* nicht zu bekommen, jedenfalls bis jetzt noch nicht.

Zeitverschiebung

Die Zeitverschiebung beträgt minus fünf (im hiesigen Sommer minus sechs) Stunden. Auf der Hinreise fliegt man also der Sonne hinterher. Bei Ankunft auf *Curaçao* stellt man die Uhr um fünf (bzw. sechs) Stunden zurück.

Tagesausflüge:

Klein Curaçao

Klein Curaçao, 25 Kilometer südöstlich von der Hauptinsel entfernt, wird auch als die kleine Schwester von *Curaçao* bezeichnet und hat einen sehr weiten, weißen (heißen) Strand, wie man ihn sonst auf *Curaçao* nicht findet.

Klein Curaçao ist nur mit dem Boot zu erreichen. Dreimal in der Woche (Mi. Fr. u. So.) startet das „**Mermaid Boat**" im Hafen von *Spanish Water* aus (vor der *Caracasbaai).*Um nach *Klein Curaçao* zu gelangen, muss man allerdings früh aufstehen, denn das kleine Schiff legt pünktlich um 6.45 Uhr im Hafen ab. Die Fahrt dauert etwa zwei Stunden. Je nach Wetterlage können auch drei Stunden daraus werden. An Bord werden Kaffee oder Tee und ein kleines Frühstück angeboten. Auf dem Weg zur Insel sind gelegentlich Delfine zu beobachten.

Die Insel ist unbewohnt. Es gibt lediglich einen Leuchtturm, ein paar Fischerhütten und eine strohgedeckte Terrasse mit Picknickbänken sowie sanitäre Anlagen. Da sich manchmal bis zu sechzig Menschen gleichzeitig auf der Insel aufhalten, sollten sich die Nichttaucher rechtzeitig einen Schattenplatz sichern und auf jeden Fall genügend Sonnenschutz mitnehmen. Es werden zwei Tauchgänge durchgeführt. Schnorchler kommen nicht unbedingt auf ihre Kosten, da es eben nur den Sandstrand gibt. Mit einem erfrischenden Bad in kristallklarem Wasser und einem Spaziergang im weichen Sand kann man sich die Zeit auf *Klein-Curaçao* angenehm vertreiben. Am Strand sind gelegentlich Muscheln zu finden, aber man sollte sie besser dort lassen. Wer weiß, ob man sie später ausführen darf (Artenschutz).

Gegen 12.30 Uhr wird auf der Insel ein üppiges Picknick serviert, wo für jeden etwas dabei sein sollte. Für alkoholische Getränke wird ein nicht zu geringer Aufschlag verlangt.
Rückfahrt ist um 16.00 Uhr.
Die Kosten für die Fahrt plus Verpflegung betragen pro Erwachsenen ca 150 Naf. Es gibt noch einen weiteren Anbieter für diesen

Inseltrip, von dem uns allerdings abgeraten wurde. Nähere Informationen liegen in Hotels und Ferienapartments aus.

Ob diese Kurz-Reise den Preis und den Aufwand lohnt, mag jeder selbst beurteilen. Manche sagen, sie sei unverzichtbar, manche hätten im Nachhinein lieber darauf verzichtet …!

Es werden auch Tagesflüge zu den Nachbarinseln **Aruba** oder **Bonaire** (mit dem Flugzeug) angeboten. Wer diese Inseln kennen lernen will, sollte aufgrund der kurzen Zeit, die man auf der jeweiligen Insel bei einem Tagesausflug zur Verfügung hat, stattdessen seinen Urlaub lieber aufteilen und jeweils ein paar Tage auf der einen oder anderen Insel verbringen.

Verlockend ist es natürlich auch, einen Abstecher ins nahe gelegene **Venezuela** zu machen. Da es dort für Touristen nicht ganz ungefährlich sein soll, haben wir davon Abstand genommen. Vielleicht ist Venezuela irgendwann eine eigene Reise wert, wenn wir uns zuvor genauer informiert haben.

Sehenswürdigkeiten

Was sehenswert - würdig ist, entscheidet jeder selbst. Was ist es würdig, sich anzuschauen? Für den einen sind es meterhohe Kakteen, für den anderen eine kleine Kirche. Hier folgen daher nur die „offiziellen" Sehenswürdigkeiten von *Curaçao:*

Floating Market

Der schwimmende Markt befindet sich in *Punda* und ist leicht zu finden, wenn man am Ende der Hafenpromenade an der *Sint- Anna-Baai* rechts abbiegt. Fahrende Händler, mit Schonern und Lastkähnen - aus Venezuela kommend - bieten dort täglich frisches Obst, Gemüse und Kräuter an, auch wenn manche Produkte nicht immer so frisch aussehen. Ganz so schwimmend ist der Markt inzwischen nicht mehr. Während vor Kurzem noch direkt von kleiinen Booten aus verkauft wurde, gibt es jetzt zusätzlich feste gemauerte Verkaufsstände. Auch wer nicht selber kochen will oder muss, darf sich einen Besuch dieses Marktes auf keinen Fall ent-

oben: Boca Sami
unten: Floating Market

gehen lassen. Manche getrocknete Kräuter eignen sich auch gut als Souvenir.

Scharloo

Dieses größtenteils restaurierte Villenviertel mit prächtigen Bürgerhäusern und großen Kirchen ist einen Spaziergang wert. Dieser Stadtteil von *Willemstad* grenzt unmittelbar an *Punda*, wenn nicht ein wenig Wasser dazwischen wäre.

Zwischen dem *Floating Market* und dem *New Market* führt eine kleine Fußgängerbrücke, die *Königin Wilhelmina Brug* die natürlich auch nach einer niederländischen Königin benannt wurde, (die schon im zarten Alter von zehn Jahren Königin wurde, allerdings erst als Volljährige gekrönt werden konnte) den Wasserarm *Waaigat* nach *Scharloo.*

Spanish Water

Der große, natürliche Hafen liegt im Südosten der Insel und wird häufig von Seglern genutzt, die vor den Hurrikans in der übrigen Karibik Schutz suchen.

Old Market

Der Old Market in *Punda*, in dem man für kleines Geld lecker speisen kann, hat kürzlich in einer Sendung des ZDF Erwähnung gefunden (siehe Gastronomie).

Aloevera-Farm

Das Klima *auf Curaçao*, die langen Trockenperioden und der anschließende heftige Niederschlag während der Regenzeit bietet ideale Bedingungen für den Anbau von Aloe-Vera. Die große Plantage befindet sich im Nordosten der Insel. Mehr als 100.000 dieser dickfleischigen Pflanzen, ursprünglich aus Afrika stammend, werden dort angebaut und zu 90% für den Export vorbereitet, wo sie zu Hautpflegemitteln weiterverarbeitet werden.

Auf der Farm können bereits fertige Produkte erworben werden. Eine interessante (kostenpflichtige) Führung (auf Englisch) erklärt die Pflanze, den Anbau wie die Verarbeitung. Man erfährt vieles von dieser unglaublichen Pflanze, die im Grunde so nichtssagend aussieht. Zum Abschluss der Führung darf jeder ein „Aloe-Vera-Getränk“ probieren, das auch als erfrischende Brause angeboten wird.

Kräuterfarm = Botanischer Garten

Wer schon in der Nähe der Aloe-Vera-Farm ist, könnte sich auch den Kräutergarten anschauen, was sich nach unserer Meinung nach nicht sonderlich lohnt, es sei denn, man ist Botaniker oder Kräuterteetrinker. Der Garten, in dem seltene Früchte Pflanzen und Kräuter wachsen und gedeihen, ist nicht besonders groß, kostet Eintritt und die Beschilderungen sind für deutschsprachige Touristen nicht zu lesen. Führungen werden auf Wunsch durchgeführt. Im angrenzenden Shop gibt es getrocknete Kräuter, Naturheilmittel, Tees und sonstiges Allerlei zu kaufen. Die „Kräuterhexe“, eine nette Dame mittleren Alters, erklärt Interessierten ihre verschiedenen Mixturen für alle Gelegenheiten und Beschwerden.

Flamingos siehe Vairsenbaai

Butterflygarden (Schmetterlingsgarten)

Zwischen *Bisento* und *Soto* (im Westen der Insel) fällt ein schönes, an der Straße gelegenes Café auf. Gegen einen Unkostenbeitrag kann man den Schmetterlingsgarten besichtigen. Die dort angebotenen Speisen sahen ausgesprochen schmackhaft aus und wurden von den Gästen mit großem Appetit verzehrt. Wir haben darauf verzichtet und nur einen leckeren Cappuccino getrunken.

Fort Nassau

Vom Beginn der Inbesitznahme bis zum Ende des Zweiten Weltkrieges fühlten sich die Holländer auf *Curaçao* niemals wirklich sicher und errichteten zu ihrem Schutz zahlreiche Forts, die einem großen Angriff zwar nicht überstanden hätten, immerhin aber Piraten abhielten. Eines der noch erhaltenen Forts ist das *Fort*

Nassau, das dazu diente, die *Sint- Annabaai* und Teile des Zentrums, also *Punda* , *Otrabanda* und den Hafen zu verteidigen. Hochoben auf dem Fort angekommen, hat man einen fantastischen Blick über *Willemstad* und die Hafenanlagen. Bei klarem Wetter ist sogar die Küste von Venezuela zu erkennen. Im Restaurant kann man recht teuer essen (und trinken).Ob es schmeckt, bleibt jedem selbst überlassen.

Christoffelpark

Das Naturschutzgebiet liegt im Nordwesten der Insel. Die höchste Erhebung mit 375m ist der *Sint Christoffelberg*. Der *Christoffelpark* zeigt eine interessante Flora und Fauna. Angeboten werden:

* Wandertouren
* Grottentouren
* Autotouren mit Führer
* Führung mit Pferd
* Hirschwanderungen (siehe Fauna)
* Mountainbikes können ausgeliehen werden.

Sea -Aquarium (Cornelius Baai)

Direkt am Meer gelegenes Meerwasseraquarium. Die dort lebenden Meeresbewohner können dort nicht nur berührt, sondern auch gestreichelt werden. 45 Salzwasseraquarien beherbergen nahezu alle karibischen Fische. Man kann auch mit ihnen Schwimmen oder Schnorcheln und währenddessen durch eine Plexiglasscheibe Haie und Meeresschildkröten beobachten.
Eintritt 13, 00€ p.P. ca 36 Naf. (unverbindlich)

Wer immer schon den Wunsch verspürte, **Delfinen** ganz nahe sein zu wollen, hat hier die Möglichkeit, gemeinsam mit diesen faszinierenden Tieren zu schwimmen, ein nicht ganz preiswertes Vergnügen. Für eineinhalb Stunden zahlt man 250 Naf (unverbindlich). Eine Voranmeldung ist unbedingt erforderlich. Es wird auch - speziell für Kinder und Jugendliche - eine **Delfin-Therapie** angeboten, die oft erstaunliche Erfolge erzielt. Die Kosten bewegen sich allerdings im vierstelligen Bereich. Wer die Unterwasserwelt der Insel kennen lernen möchte, ohne nass zu werden, besteigt den **Seaworld Explorer** für eine einstündige Fahrt.

Hato Höhlen

Die *Hato-Höhlen*, unweit des *Hato Flughafens* zu finden, sind die mit 4900qm größten Kalksteingrotten auf der Insel *Curaçao*. In einer beeindruckenden Führung, leider nur auf Niederländisch oder Englisch, werden die Tropfsteinformationen und Wandmalereien erklärt. Man sieht unterirdische Süßwasserbäche, kleine Wasserfälle und Fledermäuse, von denen geschätzte dreihundert Tiere in diesen Höhlen leben. Ein Luft- bzw. Flugloch in der Höhe macht es möglich, dass die Fledermäuse zum Beutejagen ins Freie können und erst zum Schlafen zurückkehren. Man wandert auf schmalen Pfaden durch die Höhlen und sieht eine bizarre, unterirdische Welt, die man leider nur an einer bestimmten, erlaubten Stelle fotografieren darf.

Angeblich sollen sich in die Höhlen entflohene Sklaven geflüchtet haben, in der Hoffnung, sie würden bis zum nur 50 Kilometer entfernten Venezuela führen. Das vorhandene Süßwasser soll die Sklaven lange Zeit am Leben erhalten haben.

Die Höhlen sind mit einem dezenten Licht illuminiert, die die verschiedenen Farben des Gesteins gut zur Geltung kommen lassen. Die Augen gewöhnen sich schnell an das Dämmerlicht. Als krönenden Abschluss schaltet der Führer in einem, so hofften wir, sicheren Abschnitt der Höhlen die schwache Beleuchtung gänzlich aus …! Erst in diesem Moment begreift man, was stockdunkel bedeutet. Man sieht absolut **nichts** mehr, nach 20 Sekunden fühlt man sich unwohl, aber dann wird es wieder hell …, jedenfalls ein bisschen.

Curaçao-Likörfabrik (Chobolobo-Haus)

Führung mit kostenloser Probe verschiedenfarbiger Likörsorten. In einem angrenzenden Shop kann Likör in verschiedenen Abfüllungen erworben werden.

Shete Boka Park /Boka Tabla siehe auch Nordküste

Nach kurzem (- relativ-) Fußmarsch ab Parkplatz erreichbare zerklüftete Felsenküste mit Unterwasserhöhlen.

Eintritt 2,50 Naf p.P. (unverbindlich)

Museen

Für einen Museumsbesuch sollte man einen Sonntag wählen, denn dann sind die Strände voller und die Geschäfte in *Punda* (ab mittags) und *Otrabanda* geschlossen. Selbst einige Straßencafés schließen am Nachmittag.

Kura Hulanda Museum

In diesem Museum sieht, hört und erlebt man wie Afrikaner, Sklaven und andere Bewohner im Laufe der Jahrhunderte auf *Curaçao* gelebt haben. Es soll sich bei dieser Ausstellung der Geschichte und Entwicklung des Sklavenhandels um eine der schönsten im gesamten karibischen Raum handeln, wobei „schön" nur im Sinne von interessant verstanden werden kann. Bedrückend ist die Rekonstruktion des Teiles eines Sklavenschiffes im Untergeschoss des Museums, welches man betreten und am eigenen Leib erfahren kann, unter welchen menschenverachtenden Umständen die Sklaven früher transportiert wurden, um später an der *Sint- Anna- Baai* wie anderes Frachtgut „entladen" zu werden.

Klipstrat 9, *Otrabanda, Willemstad*

Mo - bis So 10-17.00 Uhr

Eintritt 9 US$ (15 Naf), Kinder frei (unverbindlich)

Curaçao Museum (ehemaliges Militärkrankenhaus)

Das kleine Museum zeigt antiquarische Möbel und Einrichtungsgegenstände der ehemaligen niederländischen Kolonialherren, Gemälde sowie indianische Kunstwerke. Auf dem Außengelände sind Reste eines alten Fokkerflugzeuges zu sehen (erster Flug von Amsterdam nach *Curaçao*).Auf Wunsch erhält man einen in deutscher Sprache verfassten Museumsführer.

Van Leeuvenstraat , *Willemstad*

Mo - Fr 8.30 - 16.00 Uhr, so 10 – 16.00 Uhr
Eintritt 7,50 Naf für Erwachsene (unverbindlich)

Jüdisches Kulturhistorisches Museum
Ausstellung über rituelle zeremonielle und kulturhistorische Gegenstände.
Hanchi di Snoa 29 ,*Willemstad*
Mo – Sa 9 – 15.45 Uhr, So 9 – 12 Uhr
Es wird Eintrittsgeld erhoben.

Landhaus Museum
Ausstellung in einem renovierten Landhaus (Herrenhaus) von Antiquitäten aus Fischerei und Landwirtschaft, Gemälde und Wandteppiche.
Doktorstuin 27, *Willemstad*
Mo. Fr 9 – 17.00 Uhr. Sa – So 9 – 18.00 Uhr
Es wird Eintrittsgeld erhoben.

Fort Kerk Museum
Ausstellung religiöser Kunst und sehr alter Karten von *Curaçao*. Das Museum befindet sich hinter dem Fort Amsterdam (1769) in *Punda.*

Antillianisches Münzenmuseum
Niederländische Antillenbank, *Willemstad*

Nationales Anthropologisches und Archäologisches Museum
Johan van Walbeckplein 13, *Punda*

Seefahrtsmuseum- Meereslegenden
Van de Brandhof Straat 7, *Willemstad*
Mo – Sa 9 – 16.00 Uhr, So geschlossen (solange bis ein Kreuzfahrtsschiff anlegt).
Es wird Eintrittsgeld erhoben, Kinder unter 12 Jahren frei

Postmuseum

Keukenstraat 22 , Punda.

Das Gebäude, erbaut 1693, gilt als das ältesteste Gebäude in Punda .Die Räumlichkeiten wurden 1990/91 renoviert.

Attraktionen

- Diejenigen, die die Erkundung der Unterwasserwelt nicht ausreicht und eine Schifffahrt zu langweilig ist, können die Insel auch vom Himmel aus erforschen und zwar mit dem **Hubschrauber**. Nichts für Angsthasen, denn das Fluggerät fliegt nicht nur über die gesamte Insel, über den unbewohnten Teil im Südosten und über *Klein Curaçao,* sondern auch elegant und spektakulär unter der Königig- Juliana Brücke hindurch!

Es gibt verschiedene **Rundflüge** zu buchen . Dauer von 30 bis 40 Minuten für zwei bis 4 Personen.

Blue Ski Helikopters

Motetwerf , Otrabanda

Tel.:005999 7 461-0466

- **Amstel Curaçao- Rennen**

Einmal jährlich richtet Curaçao dieses internationale Fahrradrennen aus, das Fahrradfahrer aus der ganzen Welt auf die Insel lockt.

www. Amstelcuracaorace.com

- **Mountain Bike Ausflüge (Wanna Bike Curaçao)**

Verschiedene Touren auf der gesamten Insel im Angebot.

Tel.: 005999 527 3270

-**Motorradvermietung (The Bike Shop)**

Tel.: 005999/560 3882

-Besuch eines Spielcasinos

wie z.B. das *America Casino,*Brionplein*, Otrabanda*

Auswandern

Wer hat nicht im Urlaub unter südlicher Sonne schon einmal davon geträumt, wie schön es doch wäre, für immer bleiben zu können. Man müsste nie mehr heizen, Schneeschippen oder die Autoscheiben vom Eis freikratzen, bevor man zur Arbeit fährt. Im Garten würden das ganze Jahr über tropische Pflanzen blühen und wachsen. Winterjacke, Mütze, Schal und Handschuhe könnten in die Altkleidersammlung wandern. Man hätte das ganze Jahr über Badewetter und nie mehr einen verregneten Sommer oder trübe, neblige Novembertage, an denen es nicht hell werden will.

Doch bei aller Begeisterung, in einem fremden Land sein Glück zu finden, werden oft nicht nur die bürokratischen Hürden unterschätzt. Nicht wenige sind zurückgekommen, weil sie einfach Heimweh hatten. Heimweh, nach einem gemütlichen Weihnachtsabend mit Kälte und Schnee, grünen Wiesen im Sommer oder einfach nur dem Wechsel der Jahreszeiten. Auch wenn man es sich nicht so recht vorstellen kann, irgendwann kann es eintönig werden, jeden Tag „schönes Wetter“ zu haben.

Auswandern heißt auch, nahe Angehörige zurückzulassen und Freunde aus den Augen zu verlieren und nur noch einen Fernkontakt pflegen zu können. Natürlich gibt es inzwischen die Möglichkeit, sich dank Internet beim Telefonieren sogar auf dem Bildschirm sehen zu können, aber wiegt das ein persönliches Beisammensein auf? Und wenn die Sehnsucht zu groß wird? Dann kann man nicht so einfach ins Flugzeug steigen und heimreisen, es sei denn, man verfügt über ein gut gepolstertes Bankkonto und unbegrenzte Zeit.

Nur wenige Auswanderer beherrschen die Sprache des Landes, in das sie gehen wollen, so perfekt, dass sie sich in allen Lebenslagen zu helfen wissen. Wie ist man versorgt, wenn man im Ausland ernsthaft erkrankt, und wie wird es weitergehen, wenn man alt oder pflegebedürftig wird? Wie ist man dort krankenversichert und erhält man dort seine Rente oder Pension?

Wer sich für eine Auswanderung interessiert, und das haben wir mit mehreren Seitenblicken auch schon getan, sollte daher genau prüfen, ob Vorzüge und Verzicht im Verhältnis stehen.

Für diejenigen, die ihr Berufsleben bereits hinter sich haben, mag die Entscheidung zu einer Auswanderung leichter fallen, da sie nicht mehr unbedingt darauf angewiesen sind, Geld verdienen zu müssen. Allen anderen sollte klar sein, dass man im Ausland oft härter und länger für sein Geld arbeiten muss als in Deutschland. Da fehlt dann abends oft die Lust, noch an den Strand zu fahren, den man im Urlaub so geliebt hat.

Auch nach *Curaçao* kann man natürlich auswandern, wenn man … ein kleines Vermögen besitzt! Die Insulaner sind auf Einwanderer nicht angewiesen und brauchen auch keine zusätzlichen Arbeitslosen.

Die Voraussetzungen, die erfüllt werden müssen, um nach *Curaçao* auszuwandern, kennt scheinbar niemand wirklich genau. Wenn man vor Ort bereits Ausgewanderte befragt, erhält man nur vage Auskünfte. Warum auch immer scheint dieses Thema ein gut gehütetes Geheimnis zu sein. Bei Nachfragen wurden wir immer darauf verwiesen, einen Steuerberater(?) zu kontaktieren, der uns seine Auskünfte nicht kostenlos gegeben hätte. Wir haben selber nachgeforscht. Hier folgt das Ergebnis unserer Recherchen für deutsche Auswanderungswillige, allerdings ohne jede Gewähr:

Das Touristenvisum legitimiert eine Aufenthaltsdauer von 90 Tagen, die vor Ort maximal noch einmal um weitere 90 Tage verlängert werden kann. Eine darüber hinausgehende Aufenthaltsgenehmigung wird nur erteilt, wenn ein Arbeitsplatz auf *Curaçao* nachgewiesen werden kann. Nur wenn sich kein Einheimischer findet, der für die freie Arbeitsstelle infrage kommt, kann sie mit einem Ausländer besetzt werden.

Wer ohne einen nachgewiesenen Arbeitsplatz auf der Insel eine Aufenthaltsgenehmigung beantragen will, soll einen Betrag von 1300 € hinterlegen müssen, womit ggf. die Rückflugkosten gedeckt wären. Aber damit nicht genug! Um sicherzustellen, dass man ein Jahr lang auf *Curaçao* leben könnte, ohne als Arbeitneh-

oben: Nordküste, Boka Pistol
unten: Westpunt

mer Geld zu verdienen, verlangt man angeblich zusätzlich eine Kaution von 16.000 € von jedem Antragsteller, die auf ein Konto bei einer Bank auf *Curaçao* einbezahlt werden müssen. Das Geld würde natürlich *irgendwann* zurückgezahlt. Die zweite Variante lautet, dass jeder Auswanderungswillige eine Kaution von 1500 € bezahlen muss, die er dann nach neun Jahren zurückerhält! Die dritte Möglichkeit, nach *Curaçao* einzuwandern, wäre noch ein bisschen kostspieliger. Dazu müsste man Eigentum im Wert von 200.000€ auf *Curaçao* erwerben, zwei Arbeitsplätze schaffen (wie z.B. eine Putzfrau und einen Gärtner) und zudem noch ein monatliches Einkommen von 2000 € nachweisen.

Ohne Aufenthaltsgenehmigung müsste man alle drei oder sechs Monate „ausreisen", z.B. ins nahe gelegene Venezuela und mit neuem Einreisestempel zurückkommen ...!

Eine Aufenthaltserlaubnis kann auch in den Niederlanden beantragt werden, am besten über einen Steuerberater ...!.

Auf *Curaçao* ist der kostenpflichtige Antrag auf eine Aufenthaltsgenehmigung bei der „Einwanderhilfe" zu stellen, nach unseren Informationen zu finden im Post-Office in *Punda,* Tel.: 005999/ 866 6444 (6422).

Bei einem dauernden Aufenthalt auf *Curaçao* gibt es keine Möglichkeit, den Versicherungsschutz der gesetzlichen Krankenkassen von Deutschland in Anspruch zu nehmen. Bei Beibehaltung eines Wohnsitzes in Deutschland kann man für bis zu 60 Monaten eine Auslandskrankenversicherung abschließen.

Für etwas weniger als hundert Euro monatlich kann man auf *Curaçao* eine einfache private Krankenversicherung abschließen, mit der Zahnersatz und Brillen nicht abgedeckt sind.

Im Falle einer Rückkehr nach Deutschland muss bedacht werden, dass man ab dem 55.ten Lebensjahr kaum noch eine Chance hat, wieder in der *gesetzlichen* Krankenversicherung aufgenommen zu werden.

Die Beibehaltung einer *privaten* Krankenversicherung ist z. Zt. nur bei einer Auswanderung in die USA möglich.

Eine Renten- oder Arbeitslosenversicherung gibt es für Einwanderer oder Ausländer auf *Curaçao* nicht. Unter bestimmten Bedingungen kann man sich die in Deutschland gezahlten Beiträge zur Rentenversicherung auszahlen lassen. Das sei nur denjenigen zu empfehlen, die Deutschland für immer den Rücken kehren wollen.

Bei dem Bezug von Altersrente im außereuropäischen Ausland gibt es keine oder keine nennenswerten Abzüge. Rentner sind allerdings auch dann beschränkt steuerpflichtig, also zur Abgabe einer Steuererklärung in Deutschland verpflichtet.

Auswanderungswillige ab 50 Jahren unterliegen auf *Curaçao* der sogenannten *Pensionärsregelung*. Bei einer Investition von etwa 200.000 Euro wie zum Beispiel dem Kauf einer Immobilie auf *Curaçao* erhält man ein unbegrenztes Aufenthaltsrecht. Man zahlt dann entweder 10% Steuern auf sein gesamtes Einkommen oder den Höchststeuersatz(?), allerdings nur bis zu einer Einkommenshöhe von 220.000 € pro Jahr. (Es gibt allerdings Bestrebungen auf *Curaçao* diese Steuerprivilegien abzuschaffen und die Steuern um 5 – 10% zu erhöhen).

Bevor man sich als deutscher Rentner oder Pensionär ernsthaft mit dem Gedanken trägt, nach *Curaçao* auszuwandern, ist es unvermeidlich, einen hiesigen Steuerberater aufzusuchen. Renten oder Pensionen werden zwar in das außereuropäische Ausland, also auch nach *Curaçao* überwiesen - die Überweisungsgebühren zahlt der Empfänger - aber diese Einkünfte müssen zusätzlich auch noch in Deutschland versteuert werden, da Deutschland mit den Niederländischen Antillen nach unserem Wissen noch kein sogenanntes *Doppelbesteuerungsabkommen* abgeschlossen hat. Dieses Abkommen soll eigentlich dazu dienen, die doppelte Besteuerung von Einkommen wie Rente oder Pension zu vermeiden. Darüber hinaus entfallen die Absetzungsmöglichkeiten wie u.a die außergewöhnlichen Belastungen und das Ehegattensplitting.

Wohnen auf Curaçao

Ab 65.000 Euro gibt es auf *Curaçao* kleine, schlichte Häuser käuflich zu erwerben, aber auch für 150.000 Euro kann man keine Luxusunterkunft erwarten. Wir haben uns einige Objekte angeschaut. Bei einem Hauskauf sollte immer daran gedacht werden, möglichst *hoch* zu wohnen, um ein wenig vom lauen Wind zu spüren. Über Mietwohnungen konnten wir leider nichts in Erfahrung bringen.

Kleiner Sprachführer

Auch wenn sich kaum jemand die Mühe machen wird, für einen drei- oder vierwöchigen Urlaub **Papiamento** zu lernen, kann es nicht schaden, ein wenig über diese Sprache zu erfahren, was auch beim Einkaufen, im Restaurant oder in der Apotheke hilfreich sein kann:

Betont wird im *Papiamento* überwiegend die letzte Silbe des Wortes. Bei einigen Worten weisen Betonungszeichen auf die korrekte Betonung hin. Verben mit zwei Silben haben eine melodische Betonung, die weder auf der ersten noch auf der zweiten Silbe liegt. Ihre genaue Aussprache lernt man nur durchs Zuhören.

Aussprache:

Vokale

au	ou
è	*à*
ex	ix
in	jn
u	u
aber:	
ua	wa
ue	we
ui	wi
uo	wo

Konsonanten:

c	vor a, o und u	wie	k
c	vor e und i	wie	s
ch			tsch
dj			dsch
g	vor a,o und u	wie	g
g	vor e und i wie ein lautloses		h
ñ	zusammengezogenes		nj
v	wie		v
zj			j

Die **Grammatik** zeichnet sich durch eine einfache Struktur aus. Das Verb hat nur eine Form, unabhängig von Person oder Anzahl. Die Zeiten (Gegenwart, Vergangenheit, Zukunft) drückt man durch Hilfsverben aus, die dem Verb vorangestellt werden.

Mi ta bai	ich gehe
Mi a bai	ich ging
Lo mi bai	ich werde gehen

Es gibt nur einen bestimmten und einen unbestimmten **Artikel.**

e	der, die ,das
un	eine, eine, eines

Die **Pluralbildung** bei Substantiven findet nur durch Anhängen der Endung an statt.

e buki	das Buch
un buki	ein Buch
bukinan	die Bücher

Personalpronomen

mi	ich
bo	du
e(el)	er, sie es
nos	wir

bos	ihr
nan	sie

Adjektive werden, wie im Spanischen, angehängt:

Un cas bonita	ein Haus schön (wörtlich)

Papiamento ist ein Sprachgemisch mit starken Komponenten aus der spanischen aber auch der niederländischen und englischen Sprache.

Wer als Tourist spanisch spricht, sollte sich aber nicht unbedingt darauf verlassen, immer verstanden zu werden. Die Unterschiede werden in den nachfolgenden Tabellen deutlich. Mit guten Englischkenntnissen ist man dagegen fast immer auf der sicheren Seite. Aber auch wenn es mit keiner Sprache funktioniert, bemühen sich die Einheimischen, notfalls auch mit Händen und Füßen, sich auszudrücken und zu erklären. Wir hatten diesbezüglich mehrere nette Erlebnisse.

Die Unterschiede oder die Ähnlichkeiten der vier Sprachen werden am nachfolgenden deutlich:

Essen und Trinken

Deutsch	**Papiamento**	**Niederl.**	**Spanisch**	**Englisch**
Ananas	piña	ananas	piña	pineapple
Banane	bocoba	banaan	plátano	bananas
Brot	pan	brood	pan	bread
Butter	manteca	boter	mantequilla	butter
Fisch	pisca	vis	pescado	fish
Fleisch	carni	vlees	carne	meat
Huhn	galinja	kip	gallino	chicken
Gemüse	berdura	groente	verdura	vegetables
Kartoffel	batata	ardappel	patata	potato
Käse	keshi	kaas	queso	cheese
Milch	lechi	melk	leche	milk
Obst	frruta	vruchten	frutas	fruit

Öl	zeta	olie	aceite	oil
Pfeffer	pepro	peper	piementa	pepper
Reis	aros	rijs	arroz	rice
Salz	salo	zout	sal	salt
Suppe	soppi	soep	sopa	soup
Wasser	awa	water	agua	water
Wein	biña	wijn	vino	wine
Zitrone	lamoenchi	citron	limon	lemon
Zucker	sucu	sulker	azucar	sugar

Zahlen

null	zero
eins	un
zwei	dos
drei	tres
vier	cuater
fünf	cincu
sechs	seis
sieben	siete
acht	ocho
neun	neube
zehn	dies

Den Zahlen 11 bis 19 wird lediglich „*dies*“(zehn) den Grundzahlen vorangesetzt: diesun, diesdos usw.

20	binti
30	trinta
40	cuarenta
50	cincuenta
60	setenta
80	ochenta
90	nobenta
100	cien
200	dos cien
500	cincu cien

Am Beispiel der **Wochentage** erkennt man ein wenig den Aufbau des Papiemento: Montag heißt, wörtlich übersetzt: Tag des Mondes (spanisch: lunes), Dienstag Tag des Mars (spanisch: martes)

Deutsch	Papiamento	Spanisch
Montag	dialuna	lunes
Diensttag	diamars	martes
Mittwoch	diarason	miércoles
Donnertag	diahuebs	jueves
Freitag	diabièrne	viernes
Samstag	diasabra	sábado
Sonntag	diadomingu	domingo
heute:	awe	hoy
morgen:	mañan	mañana
übermorgen	otro mañan	pasado mañana
gestern	ayera	ayer
vorgestern	antayera	antes de ayer

Monate

Januar	januari	enero
Februar	februari	febrero
März	maart	maarzo
April	april	april
Mai	mei	mayo
Juni	juni	junio
Juli	juli	julio
August	augustus	agosta
September	september	septiembre
Oktober	october	octubre
November	november	noviembre
Dezember	december	deciembre

Jahreszeiten:

Auf *Curaçao* gibt es nur zwei Jahreszeiten, den Sommer und die Zeit, in der es kalt ist. Tatsächlich empfinden die Einheimischen die Zeit, in der die Europäer der Sonne und Wärme nachreisen und auf die Insel strömen, also den hiesigen wie den dortigen Winter als kalt. Sie gehen auch nicht mehr so gern ins Wasser(das nie kälter als 24 Grad wird).Wir haben eine Familie erlebt, die nach Prüfung der Wassertemperatur *frio (*kalt) ausriefen und nur bis zu den Knien badeten.

Sommer:	verano
Winter	tempo di friu (Zeit der Kälte)

Wer schon einmal in einem Reiseführer den Sprachführer durchgeblättert hat, kennt die wohl formulierten Fragesätze in der jeweils fremden Sprache wie an den Ober:

Mi ta kere cu tin un fout den e cuenta (Ich glaube in der Rechnung ist ein Fehler)

Selbst wenn Sie diesen Satz perfekt über die Lippen bekommen und der Ober Sie versteht... was nützt es Ihnen, wenn Sie die Antwort nicht verstehen?

Aber manchmal muss man nach etwas fragen, nach dem Weg, dem Preis, der Apotheke, einer Tankstelle oder dem Museum:

Deutsch	**Papiamento**
Wie viel?	Cuànto?
Wann?.	Kí ora
Wo ist das...	Unda essey ta....
Wo ist die (der) nächste...	Unda ta esun di mas cerca....
Können Sie mir, helfen?	Yudami, pa fabor?
Ich möchte......	Mi ta deseà ...
Wir möchten	Non ta deseà
Ich verstehe	Mi comprende
Ich verstehe nicht	Mi no ta comprnde
Apotheke	botika

Bank	bancu
Fischgeschäft	tiend cu ta bende piscá (Laden, in dem man Fisch verkauft)
Kirche	misa
Bäcker	panaderia
Parkplatz	Parkinglot
Post	Postkantoor
Strand	beach
Supermarkt	tienda de supermercado.
Tankstelle	gasolinestation
Kirche	misa

Auch im Urlaub kann man **krank** werden !!!

Erkältung	verkoud
Husten	tosamento
Fieber	keintura
Halstabletten	pildo pa garganta
Jod	jodi
Magenschmerzen	dolor di stoma
Magentabletten	pildo di stoma
Ohrentropfen	druppel pa orea
Sonnenbrand	kimá di solo regla

früh	tempran
spät	lat
groß	grandi
klein	chikitu
gut	bon
schlecht	mal
heiß	calor
kalt	fríu
billig	barata
teuer	caru
offen	habrí

geschlossen	cerá
schnell	rápido
langsam	pocopoco
schön	bunita
hässlich	mahos
voll	yen
leer	bashí

Gerade im Ausland möchte man höflich sein:

Bitte	pa fabor
Danke	danki
Entschuldigung	pordonami
Ja	si
Nein	no
Guten Tag	Bon Tardi
Guten Morgen	Bon dia morro
Guten Abend	Bon nochi
Auf Wiedersehen	Ayó
Bis später	Te aworo

Schlussbemerkung

Curaçao ist kein unbedingtes Traumziel, verglichen mit anderen Inseln in der Karibik Aber es bietet vor allem eines, Einsamkeit, wenn man sie denn sucht, an schönen, gut erreichbaren Stränden mit traumhaften Blick auf das klare, türkisfarbene Meer ohne Hurrikan-, Tornado- und Tsunamigefahr und das alles unter beinahe europäischen Lebensbedingungen.

BON BINI ! Herzlich willkommen (auf Curaçao)

Ebenfalls verfügbar über **www.rediroma-verlag.de:**

Barbara Eickhoff

Unsere kleine Weltreise
(über Dubai und Singapur nach Australien)

ISBN 978-3-940450-09-8

114 Seiten, 16,00 Euro (D)

Im Oktober 2006 machten wir uns auf den Weg nach Australien, um Freunde zu besuchen, das Land kennen zu lernen oder gar für immer?

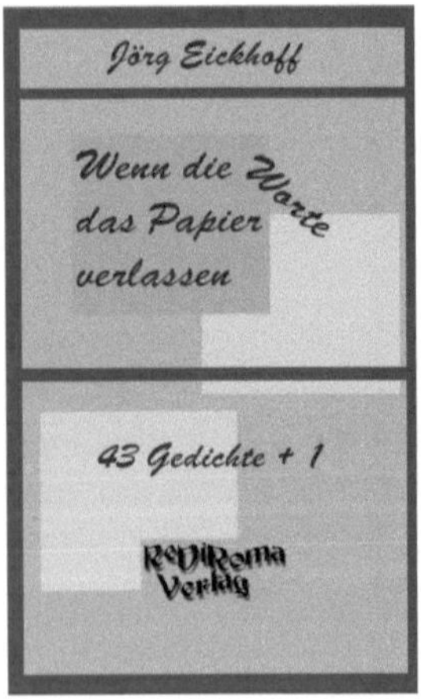

Jörg Eickhoff

Wenn die Worte das Papier verlassen
(43 Gedichte +1)

ISBN 978-3-940450-18-0

64Seiten, 7,90 Euro (D)

Jörg Eickhoff wurde 1942 in Berlin geboren. Er wuchs in Bremen auf, wo er nach dem Abitur nach Marburg ging, um Altphilologie und Sport zu studieren.

Nach drei Jahren brach er sein Studium aus familiären Gründen ab und trat in den öffentlichen Dienst ein, zunächst bei der Deutschen Bundesbahn in Bremen. Einige Jahre später wechselte er zur Bundesjustiz in Berlin, wo er bis zu seiner Pensionierung tätig war.

Barbara Eickhoff

Landunter

ISBN 978-3-940450-15-9

298 Seiten
16,00 Euro (D)

Anna, eine junge Frau, lebt allein und zurückgezogen in Berlin. Die einzige Abwechslung ihres täglichen Einerlei bietet ihre Arbeit in einem Supermarkt, aber dort fühlt sie sich zunehmend unwohler. Plötzlich entdeckt sie, dass sie beobachtet wird und bekommt panische Angst.

Barbara Eickhoff

Die Flaschenpost

ISBN 978-3-940450-30-2

342 Seiten
18,50 Euro (D)

Anna und Georg treten ihre Hochzeitsreise an, die sie über Moskau nach St.Petersburg führen soll, wo Anna von ihren Grosseltern sehnsüchtig erwartet wird. Auf einer Stadtrundfahrt durch Moskau verschwindet plötzlich ein Kind aus der Reisegruppe.

Barbara Eickhoff

Prügelknabe Jugendamt

ISBN 978-3-940450-67-8
166 Seiten
13,50 Euro (D)

Den Sozialarbeitern des Jugendamtes wird einerseits die gesamte Verantwortung für die Kinder in ihrem Betreuungsbezirk aufgebürdet, andererseits erhalten sie so gut wie keine Akzeptanz durch die Öffentlichkeit. Werden Kinder durch das Jugendamt von den Eltern getrennt, heult die ganze Nation auf und alle Kritik prasselt auf das böse und unmenschliche Jugendamt hernieder. Wie konnte das Jugendamt so etwas tun? Die armen Eltern! Und dann werden plötzliche verwahrloste oder misshandelte Kinder entdeckt und wieder heult die ganze Nation auf und fragt, warum das Jugendamt nicht schon längst eingeschritten ist und so eine Unterlassungssünde begehen konnte. Die armen Kinder! Die Autorin, die selbst neunzehn Jahre lang als Sozialarbeiterin in Berlin tätig war, gewährt einen Einblick hinter die Kulissen des Jugendamtes.